Florece en tu desierto

Encuentra la belleza escondida
detrás de las dificultades

Deborah Lajara

Florece en tu desierto
Encuentra la belleza escondida detrás de las dificultades
© 2022 por Deborah Lajara

ISBN: 978-0-578-29775-0

Edición: Gisella Herazo Barrios | Agencia Arte & Expresión
www.agenciaarteyexpresion.com · @agenciarteyexpresion
@gisellacomunica

Concepto de portada: Deborah Lajara

Ilustraciones: Alanis Paola Maldonado Lajara

Adaptación de cubierta y diagramación interior:
María Alejandra Ruiz
Marema Designs para Agencia Arte & Expresión
www.maremadesigns.com · @maremadesigns

Dr. Benny Rodríguez (AcademiaDeAutores.com)
www.My360Designs.com

Impreso en Estados Unidos

Tabla de Contenido

Dedicatoria

A Dios, por permitirme florecer en mi desierto; por llevarme a ser la mujer quien soy en medio de las dificultades y por amarme incondicionalmente.

A mi esposo, Juan, por apoyarme y creer en mí en todo momento; por caminar conmigo en las temporadas de florecer y también en las de sequía, pero siempre siendo mi mano derecha en esta aventura de la vida. Juntos hemos visto la mano de Dios, ayudándonos a pasar del desierto a la bendición.

A mi hija Alanis, quien me dio el privilegio de ser madre por primera vez, fue la primera en mi regazo y la que me enseñó el amor incondicional de Dios. Ella me divierte con sus ocurrencias únicas, llenas de jocosidad y creatividad y su inteligencia e iniciativa para todo.

A mi hija Fabiola, mi milagro, quien con su sonrisa alegra mis días y los de todos los que la rodean. Con ella pude ver que Dios cumple sus promesas, sana y hace milagros.

A mi hija Alondra, mi tercer retoño, hermosa y única al hablar. Sus palabras, consejos y disposición para ayudarme y acompañarme, han dejado enseñanzas indelebles en mi vida.

A cada mujer que hoy ha decidido florecer en su desierto.

Agradecimientos

Al terminar este libro solo puedo expresar palabras de agradecimiento a mi Creador por darme la oportunidad de que tú estés leyendo esto y seas parte de este viaje que aún no termina. Doy gracias por ser bendecida en gran manera y poder compartir contigo parte de mi historia, para ayudarte a florecer en medio de tu desierto.

Agradezco a mi familia, Lajara González, que aunque en Puerto Rico vivíamos en condiciones muy humildes, construimos lindos recuerdos juntos; incluso en las dificultades, siempre unidos como una familia no perfecta, pero bendecida en el Señor.

Doy gracias porque tengo una madre resistente a todo, valiente, fuerte y con una fe inquebrantable que nos guio, junto con mi padre, en el camino de Cristo. A mi padre que siempre se esforzó para traer el pan a la mesa para sostener a la familia. Me enseñó a ser fuerte en la dificultad.

Agradezco a mis hermanos, con quienes pasé tiempos buenos y tiempos difíciles, pero siempre sostenidos de la mano de Dios. Con ellos tengo muchas historias que contar. Gracias a toda mi familia, porque hoy puedo decir: ¡lo logré!

Quiero agradecer también a la familia Maldonado González, quienes siempre nos ayudaron sin condiciones, dándonos la mano en los momentos en los que más los necesitábamos. Familia, ¡gracias!

A toda mi familia extendida, amigos, compañeros y todas las personas que hicieron que este sueño se hiciera realidad y por acompañarme en esta nueva etapa en la que empiezo a florecer como autora.

Por supuesto, no quiero dejar de mencionar a «Empoderadas en Cristo Oficial», un ministerio del que soy fundadora, desarrollado en compañía de mi familia y que floreció en medio de mi desierto, para motivarte y ayudarte a ti a florecer.

Cómo no mencionar aquí a mi hija Alondra, mi mano derecha en el ministerio, quien siempre con sus conversaciones, risa, consejos y abrazos ha llenado mi alma y me ha ayudado a florecer.

Gracias a Alanis P. Maldonado - Artes Gráficas, Alondra, Fabiola Maldonado, y Diaritza Ríos gracias por toda su ayuda y a todas las que me han ayudado floreciendo junto a mí.

*Una vez más,
gracias a Dios y a ti.*

Introducción

Lo que Dios quiere para nuestras vidas es que en todo podamos florecer. La palabra florecer se refiere a la acción de una planta que va creciendo, paso a paso, y que está destinada a dar hermosas flores, o también a aquello en camino a progresar y desarrollarse y que prospera en importancia, reputación o riqueza.

En ambos conceptos, este proceso requiere de condiciones especiales y estables, favorecedoras al crecimiento, cosa que difícilmente ocurre y que poco se encuentra. Así que, partiendo de allí, podrías preguntarte: pero yo, ¿cómo podría florecer en el desierto?

Y esa es la respuesta que quiero darte a través de este libro, en el que hallarás testimonios bíblicos e historias personales de mujeres que como tú y yo, atravesaron desiertos y en ellos florecieron. Cada historia bíblica aquí relatada fue seleccionada con cuidado por su estrecha relación con los procesos que atravesé en mi vida y además, encontrarás lecciones aprendidas en mi viaje en el desierto.

A través de estas páginas, hallarás analogías que podrán ayudarte a obtener las llaves que serán de utilidad para que, en medio de tus procesos, puedas florecer.

Porque sí, todas vivimos procesos que se asemejan a esas tierras desérticas donde el calor parece asfixiar; esos tiempos que nos duelen y marcan, en los que sentimos que se acaban las fuerzas y no podemos más.

Dios, en su misericordia, nos cuida y guía por el camino en el que debemos andar para que podamos florecer en el desierto. Conmigo lo hizo, muchos años atrás cuando tuve que trasladarme desde mi preciosa isla del encanto, Puerto Rico, hasta la ciudad de San Angelo, Texas, en donde mi familia y yo comenzamos una nueva vida, justamente al inicio del proceso de escritura de este libro.

Por si no alcanzas a visualizar el escenario, te lo voy a describir. Imagina a una mujer del Caribe, acostumbrada a vivir en una isla colorida y a disfrutar de hermosas playas, arena cristalina y el azul hermoso del mar y el cielo. Una mujer que creció en una isla pequeñita en tamaño, pero grande de corazón, llena de gente generosa, que habla hasta con la sombra y de una gran hospitalidad.

Una isla bendecida en gran manera, por sus habitantes que se levantan a luchar por ser mejores cada día. Esa mujer, un día tuvo que dejar atrás las largas horas de plática con los vecinos con café en mano, su idioma, cultura, familia y amigos para comenzar de nuevo en un lugar totalmente diferente. Allí ya no se hablaba hasta por los codos y lo que se hablaba, se hacía en inglés. Ahora ya no podía ir a la playa cada vez que quería, no podía visitar a sus padres, que ya son mayores, con la frecuencia de antes.

Tuvo que acostumbrarse a otras personas, otras formas de relacionarse, maneras distintas, incluso en la fe y el servicio al Señor. Entonces llegaron las dudas, las preguntas sin respuestas, los intentos fallidos, algunas alegrías pero otras cuantas decepciones... y de repente, se encontró en el desierto, por dentro y por fuera. Sí, mi vida estaba en el desierto, pero allí Dios me llamaría a florecer.

Por eso, quiero compartir contigo lo que aprendí en mi viaje, para motivarte a resistir los vientos que inevitablemente llegarán para intentar destruirte y apagar tu luz; porque sé que así como Dios me sustentó para no permitirles que lo lograran y que abortara lo que Él depositó en mí, también lo hará contigo.

Solo tienes que permitir que Dios guíe tu vida y dejar florecer esas semillas únicas que el Señor sabe que tienes. En medio de estos procesos te encontrarás con personas que en vez de ayuda, se convierten en aparentes obstáculos, y te das cuenta de que las enseñanzas para vivir no acaban en la niñez, sino que la vida es una escuela en la que nunca terminamos de aprender.

Y allí, entre tantas preguntas en un mundo en donde todo parece estar al revés, confirmas que la respuesta para todo está en Dios y el manual de guía es su Palabra. Entonces encuentras la ayuda para comprender muchas cosas, que por sí solas serían muy difíciles de entender, y a enfrentar las circunstancias inesperadas que nos llenan de temor.

Recuerda que el camino está lleno de dificultades que no podemos controlar. A veces debes dejar ir para recibir algo mejor. Un mal comienzo puede tener un mejor final, si cambiamos para bien esos capítulos difíciles. Detrás de cada desafío, pérdida, tristeza, sueños no cumplidos, nuevos comienzos y posición, hay un propósito de Dios: morir a ti, para que Cristo sea quien viva, comprender que estás asignada a lograr algo en esta tierra y que Él te ayudará, si le permites ser tu guía.

Si abres bien los ojos, verás que la creación hermosa de Dios (incluyendo la del desierto) puede darte enseñanzas. La naturaleza, los animales, las flores, los cactus, las estaciones, todo ello revela lecciones valiosas que te llevarán a ser una mujer fuerte, resiliente en medio de las situaciones presentes, a ser tu propia amiga, a trabajar con tu corazón, a respetarte, valorarte y a tomar tiempo para ti con una taza de café (a estas alturas ya habrás notado que me encanta el café).

No olvides recordar que hay un mundo hermoso que te espera con aventuras, belleza y esplendor; permite que su aroma perfume todo lugar. Es tiempo de sepultar ese pasado doloroso y comenzar a florecer en tu presente, porque alguien necesita lo que Dios te dio, eso que solo tú posees y que puede darle cumplimiento a una tarea que solo tú podrás lograr. Así, como la semilla que debe morir, sal de tu zona de comodidad, vence las adversidades y comienza a florecer.

Si llegan los enemigos, la traición, la falsedad, la tristeza o la enfermedad, no te quedes llorando, sin hacer nada. ¡Eso no! Sigue el camino que Dios te ha trazado. Deja la queja, la pena, el «¡Ay bendito!», que no eres una víctima sino una sobreviviente a quien Dios le ha dado una nueva oportunidad.

En medio de todo lo que la vida te pone en el camino, enfócate en florecer en tu desierto. A pesar de tu miedo, eres una mujer empoderada en Cristo. El enemigo te quiere robar y quitar las semillas de tu corazón, la alegría que te permite florecer. Él sabe que puedes lograr todo lo que fuiste llamada por Dios a realizar. Él sabe que estás equipada, como las flores, y por eso desea apagar tu voz en el mundo espiritual.

¡No lo permitas! Recuerda que no importa en qué situación te encuentres, hay un Dios que te ama y puede restaurar tus pedazos para darte la victoria a ti y a todos los que están a tu lado. No importa cuánta tierra te hayan tirado encima, sacúdete y continúa tu viaje. No importa cuánto desean quitarle la túnica de colores como a José (1) porque aunque lo hicieron, no pudieron quitarle el manto que Dios le había dado, la bendición de cumplir un propósito siendo el segundo en mando en todo Egipto, después del Faraón (2). Caminar en el desierto no es fácil, pero Dios te ayudará y verás que pronto florecerás en su desierto.

«El justo florecerá como la palmera; crecerá como el cedro en el Líbano, plantados en la casa de Jehová, en los atrios de nuestro Dios florecerán. Aún en la vejez fructificaran; estarán vigorosos y verdes». (Salmos 92:12-14)

¡Ven! Vamos juntas en este viaje, ¡acompáñame a florecer!

PARTE 1

Historias que florecen

Un desierto en el Paraíso

La historia de Eva

«Y dijo Dios: No es bueno que el hombre esté solo, por tanto, haré ayuda idónea para él».
(Génesis 2:18)

La intención del Creador es que todo lo creado ejerza una función que ha nacido en su corazón. Este es el caso de Eva, quien fue la primera mujer creada por Dios, por tanto, la primera de la que quiero hablarte.

Eva se encontraba en un jardín hermoso, y no de vacaciones; ella vivía allí. El libro de Génesis, primer libro de la Biblia, nos describe que ella estaba en el Paraíso, un lugar de gran hermosura con muchos árboles, flores, frutos y animales de todo tipo. Todo lo perfecto de la creación estaba allí y ella lo estaba disfrutando.

Eva no se encontraba en el cálido, árido y seco desierto, trabajando la tierra y agobiada por el calor; sino en un lugar que era justamente lo contrario. El sitio en el que a todas nos gustaría estar para desconectar un poco del ajetreo de la vida diaria... por lo menos, a mí me encantaría.

Y no solo estaba allí, sino que el Creador decidió darle la oportunidad de tener todo lo necesario para vivir, sin trabajar por ello. En ese lugar no carecía de nada, todo estaba a su alcance y facilidad. Además, no se encontraba sola, estaba con su marido, Adán, con quien se deleitaba en las maravillas del Edén. Su existencia tenía sentido y ella tenía un propósito: ser ayuda idónea.

Eva fue creada para ser apoyo y ayuda. Dios vio que Adán estaba solo y le dio una compañera. ¡Qué hermoso ver que somos necesarias e importantes en la vida de nuestros esposos! Pero Satanás, viendo la hermosa relación que había entre Adán y Eva, y de ellos con su Creador, comenzó a tener celos y a maquinar planes para destruirla. Ese fue el inicio de su desierto, aunque estaba en el Paraíso.

El enemigo quiere quitar todo lo que el Señor ha preparado para nosotros, robarnos nuestra esencia y la conexión con Dios para que no podamos lograr el propósito del Creador en nuestras vidas. Él quiere hacer que, aunque nos encontremos en jardines con gran hermosura y un aroma inigualable, permanezcamos sin entender lo que Dios ha puesto en nuestras manos, pensando que lo que se nos permite tener siempre estará a nuestro alcance y que nunca nos faltará nada. ¿Te ha pasado que tienes algo y por no darle su valor o escuchar voces contrarias y consejos no adecuados, en vez de ser de bendición, aquello termina en pérdida? Así le pasó a nuestra amiga Eva, comenzó a escuchar la voz incorrecta y eso trajo consecuencias a su vida.

«Y la serpiente era más astuta, más que todos los animales del campo que Jehová había hecho; la cual dijo a la mujer: ¿Conque Dios os ha dicho: No comáis de todo árbol del huerto?»
(Génesis 3:1)

El enemigo puso en marcha su plan y ella fue la primera en caer en la trampa del engaño, desobedeciendo al comer del fruto del árbol del bien y del mal. ¡Ay, Eva! Siempre la tentación vendrá como algo que necesitemos, o por algo que tenemos curiosidad de descubrir. ¡Cuidado! Él es astuto y debemos estar atentas. Podemos tomar decisiones que pueden parecer buenas, pero nos harán pasar del paraíso al desierto, sin darnos cuenta.

Sin embargo, aunque puedas ser tentada, también podrás ser resistente a la tentación; y esa es tu decisión, ¿sabes por qué? Porque Dios te ha dotado de fuerza, valor y poder para soportarlas. Eso no significa que estés exenta de alguna vez flaquear o caer, pero Dios es tu fortaleza en medio del proceso. Él te levanta, perdona y restaura para que vuelvas a entrar en su plan. Dios ya te ha dado el manual para conocer Su voluntad y tomar buenas decisiones. Es la Biblia, un libro inspirado por Él mismo, que te enseña, te ayuda y te guía en momentos que pueden ser trascendentales para ti porque esta carrera no es nada fácil sin su ayuda.

Sigue hacia la meta, venciendo los obstáculos del camino y al final obtendrás la recompensa.

Eva escuchó la voz de alguien que, a su parecer, llegó a hablar con palabras llenas de osadía, pero que al final hizo que su jardín se transformara en el comienzo del desierto, no solo para ella, sino para toda su familia, al desobedecer a Dios comiendo del árbol prohibido (3).

Toda mujer debe reconocer lo importante que es, el gran valor que tiene y la responsabilidad que pesa sobre sus hombros, especialmente quienes son esposas y madres. En ocasiones, el rumbo de nuestras familias está marcado por nuestras decisiones, ya que somos responsables de guiar a nuestros hijos, apoyar a nuestros esposos y velar por el resto de la familia. Por tanto, si tomamos decisiones a la ligera, sin ser guiadas por el Espíritu Santo, podemos traer grandes consecuencias, para nosotros y para quienes están a nuestro cargo.

El Espíritu Santo es Dios, que viene a morar dentro de nosotros al aceptar al Señor. Él es nuestro amigo, consolador y guía siempre presente, como un GPS que nos dirige en el camino.

«Pero cuando venga el Espíritu de verdad, él os guiará a toda la verdad; porque no hablará por su propia cuenta, sino que hablará todo lo que oyere, y os hará saber las cosas que habrán de venir». (Juan 16:13)

«Más el consolador, el Espíritu Santo, a quien el Padre enviará en mi nombre, Él os enseñará todas las cosas y os recordará todo lo que yo os he dicho». (Juan 14:26)

Busca la guía y la dirección del Espíritu Santo, para identificar la voz de Dios, conocer Su voluntad y escuchar el consejo sabio que te llevará a tomar las decisiones correctas.

~~~~~~~

Solo obedece

Recuerdo que un día, cuando era niña y vivía en mi hermosa isla del encanto, tuve que acompañar a mi madre al supermercado para hacer las compras de lo que necesitábamos en casa. A mí me encantaba pasear por los pasillos y a mi paso ir contemplando la gran variedad de productos que se exponían. Pero había un área que me gustaba particularmente: era la de las frutas y dulces, porque todas esas delicias, apetecibles a mi vista (y a mi estómago), estaban al alcance de mi mano, y si nadie se daba cuenta, podría tomarlo, ¡sin pagar nada!

Mi madre, consciente de lo tentadora que era la situación, me dio la única instrucción de esperar a que ella terminara de hacer todas sus compras, para entonces escoger lo que quería, pagarlo y finalmente darle ese placer a mi boca, que ya estaba hecha agua de solo pensarlo.

Así que obedientemente acepté y comencé a esperar. Lo que no sabía era que mi mamá (como todas las mamás, ahora lo entiendo...) tardaría muchísimo seleccionando, comparando y escogiendo.

Pasados unos minutos, mi deseo de comer los dulces y las uvas del supermercado, hacía que me empezara a desesperar. No quería esperar tanto y tenía frente a mí dos opciones: tomar lo que quería, comerlo sin que nadie lo supiera y ¡ya!; o la más difícil, que era obedecer a mi madre, esperar a que terminara de comprar todo, pagar los dulces y al fin comerlos.

Podrás creer que es algo muy sencillo lo que te cuento, pero créeme que para una niña con hambre y deseos de comer dulces y frutas tan ricas no era nada fácil. Sin embargo, tomé una decisión, la mejor de todas, y fue obedecer. Aunque era pequeña y la situación era tentadora, sabía que tenía que hacer lo correcto, atender la instrucción de mi mamá y pasar por el proceso. ¿Y sabes qué? Por haberlo hecho bien, culminada la tarea de hacer la compra, llegué junto con mi madre a donde la cajera del supermercado y luego de pagar mis frutas, me las comí. Fue difícil, pero ¡lo logré!

¿Por qué te cuento esto? Porque Eva, guardando las diferencias, vivió algo similar. Ella vivía en el escenario perfecto: tenía a su amado Adán, que estaba con ella en todo momento, hablaba con su Creador sin restricciones, jugaba con los animales en el Paraíso, se deleitaba con deliciosos frutos silvestres recién tomados del árbol, disfrutaba del brillante color de las flores y del rico aroma en su jardín; y por la noche, podía admirar el esplendor de las estrellas adornando el cielo. ¿Qué más podía pedir?

Entre tantas maravillas, había una única limitante:

«Pero del árbol que está en medio del huerto dijo Dios: No comeréis de él, ni le tocaréis, para que no muráis».
(Génesis: 3:3)

Eva ya sabía las instrucciones de su Creador, pero quizás el árbol que se encontraba frente a ella, en medio del huerto era hermoso y su fruta de apariencia irresistible; por eso decidió no obedecer, escuchando la voz incorrecta. Esa voz de la serpiente, que era muy astuta, la engañó y ella cayó en la tentación.

Satanás se acercará a tu vida para ofrecerte algo que desees o para darte satisfacción temporal en un momento determinado; como yo, que me vi tentada a comer el dulce porque quería satisfacer mi hambre. Son momentos, muchas veces simples, en los que solo tenemos que tomar la decisión adecuada, en mi caso era esperar para obtener lo que tanto quería, pero tal vez para ti puede ser algo que definirá tu vida. El enemigo pondrá en tu camino tentaciones de diferentes formas y utilizará distintas maneras y estrategias para hacerte caer. ¡No lo permitas! Piensa antes de actuar, medita si es conveniente y en las consecuencias que tendrá tu vida y tu familia.

Cuídate de la tentación porque siempre está cerca para traer muerte y sequedad a tu alma y hacer que tus flores pierdan su aroma y color.

Así que te pido que hagas una pausa antes de acceder a eso que te tienta. La tentación pasará por tu camino, tocará a tu puerta, pero para resistir tienes a tu Padre Celestial. Él quiere para ti una vida en bendición y abundancia y te dará la fuerza para soportar y no caer. Para ello debes estar bien conectada a la fuente que da vida; esa fuente se llama Jesús.

Medita, ora y pide al Espíritu Santo dirección para que tus oídos reconozcan su voz y así podrás ver que, en vez de desierto, tendrás un jardín que pronto florecerá. Resistir a la tentación tendrá su recompensa.

«Dichoso el que resiste la tentación porque, al salir aprobado, recibirá la corona de la vida que Dios ha prometido a quienes lo aman». (Santiago 1:12, NVI)

Escucha su voz y atiende a las señales

«Cuando alguno es tentado, no diga que es tentado de parte de Dios; porque Dios no puede ser tentado por el mal, ni Él tienta a nadie». (Santiago 1:13)

Recuerda que Dios no tienta a nadie. El enemigo solo busca destruir tu relación con el Señor. Dios lo único que desea es advertirte y evitarte el dolor que viene después de la caída. Muchas veces recibimos e ignoramos los avisos sobre lo que nos puede traer consecuencias. Algunos sobre asuntos complejos y otros más simples, como «si sales a caminar para cuidar tu salud y hace mucho calor, no olvides hidratarte».

¿Sabes? Te voy a contar una anécdota. Cuando empecé a escribir el libro me encontraba viviendo en San Angelo, Texas. Allí las temperaturas son muy cambiantes. Hay días muy fríos, mientras que otros suelen ser muy calientes. Cuando te digo calientes te hablo de temperaturas de 110º F / 43 °C. O sea, MUCHO calor.

Un día de esos, decidí ir a caminar un poco; mi esposo me había recomendado no salir con tan altas temperaturas, pero como quiera yo le dije que sería solo un ratito y me fui. Muy contenta por mi «saludable» decisión, me puse mi ropa deportiva, subí a mi auto para ir al lugar a donde iba a caminar y así empecé mi jornada.

No había recorrido ni tres millas (algo menos de cinco kilómetros), cuando me percaté de que había dejado el agua en mi vehículo. Empecé a sentir el agotamiento en mi cuerpo, el sudor recorría mi cara, mientras que yo solo deseaba tomar mucha agua bien fría y volver a casa. Al mismo tiempo, recordaba la recomendación de mi esposo, que yo no había atendido. Daba lo que fuera por hidratarme y parar, pero aún quedaba camino por recorrer. No sé qué tan cerca estuve de una deshidratación severa, pero puedo decirte que caminar de esa forma fue muy difícil y pudo traer consecuencias muy graves para mi salud.

Finalmente, el Señor me permitió llegar hasta mi vehículo, beber mucha agua y sin duda, aprendí la lección. Así somos y así sucede muchas veces en nuestras vidas. Dios nos advierte que tengamos cuidado de no hacer cosas que sabemos que no son correctas y nos pueden hacer daño, y de todos modos las hacemos. Preferimos lo que nosotros queremos o consideramos que está bien, en vez de hacer lo correcto o lo que Dios nos ha asignado. Entonces, cuando ya avanzamos en aquello, nos encontramos con la necesidad de satisfacernos o de obtener lo que nos hace falta, sin importar los medios y nos volvemos presa fácil para el enemigo.

En mi caso, mi necesidad era el agua, que no es mala, pero no tenerla había sido consecuencia de no atender la advertencia. Esto quiere decir que no todo lo que deseamos es malo realmente, pero debemos tener perspicacia para detectar las artimañas del enemigo. Él vendrá a tu vida con su dulce voz y te mostrará tu necesidad durante el tiempo que sea necesario para hacerte caer en su trampa, porque piensa que no podrás resistir y que podrá engañarte, así como lo hizo con Eva. Debes estar atenta para no acceder a todo lo que sabes que no te llevará a agradar a Dios, aunque tu carne quiera y creas que lo necesitas.

Dios muchas veces utiliza a otras personas para alertarnos de algo; en otras ocasiones sentimos intranquilidad y esa ausencia de paz actúa como una señal que dice: ¡Cuidado! ¡Alerta!; pero llegamos a ser tan tercas que solo queremos hacer lo que nos gusta. Por eso, es muy importante identificar la voz del Padre y organizar las prioridades para escoger sabiamente qué hacer ante la tentación.

Si lo que está en primer lugar es Dios y lo que Él ha asignado para ti, difícilmente te dejarás vencer; pero si pones primero lo que deseas y no obedeces, podrías estar perdiendo una gran bendición y alejándote del camino de la prosperidad para tu alma y espíritu.

Recuerda que suponer que solamente lo que tú haces es lo correcto, es un autoengaño que te puede llevar a equivocarte. Dios sabe bien los pensamientos que tiene contigo y te puedo asegurar que son más altos que los tuyos porque Él ve el panorama completo; por eso, sus pensamientos para ti son de paz y no de mal, y serán siempre para tu bien (4).

El Creador, nuestro Dios, ha puesto un gran potencial dentro de ti y el enemigo quiere destruirlo para que no logres tu máxima capacidad en el don que el Señor te ha dado. No le permitas a la serpiente antigua destrozar lo que Dios ha diseñado para tu vida. No te desenfoques, reconoce la voz de tu Padre y obedece a esa voz dulce y amorosa siempre te hablará para bendecirte y hacerte florecer en medio de tu desierto.

Cuidado con los «rompe sueños»

«Y pondré enemistad entre ti y la mujer, entre tu simiente y la simiente suya; esta te herirá en la cabeza, y tú le herirás en el calcañar» (Génesis 3:15)

Eva escuchó el susurro de la serpiente y cayó en desobediencia a Dios; olvidó lo que el Creador le había dicho y por eso toda la situación cambió. Pero el Padre, que siempre es misericordioso, le da otra oportunidad y una promesa de victoria, cuando afirma que será la simiente de la mujer quien herirá en la cabeza al enemigo. Esa simiente bendita es Jesús que al morir en la cruz y resucitar al tercer día trajo salvación y vida al mundo. ¡Con su muerte aplastó al enemigo!

Sin embargo, dentro de las consecuencias de la desobediencia está la enemistad entre la mujer y la serpiente, que hasta hoy sigue vigente. ¿Alguna vez has sentido que cada vez es más difícil lograr todo lo que deseas? A mí me ha pasado muchas veces cuando he deseado realizar sueños y materializar anhelos como levantar ministerios o el ejemplo real de escribir este libro, que fue una experiencia retadora y llena de obstáculos, pero que terminó en la victoria que hoy tienes en tus manos. En tu caso puede ser casarte, emprender algún negocio, estudiar una profesión, crear alguna entidad, tener un hijo, o viajar y ver el mundo.

Pero sientes que al intentarlo encuentras todo tipo de oposición que se levanta para que no hagas lo que Dios quiere en tu vida. Ante eso, la mayoría de las veces nos sentimos frustradas y tristes porque queremos con todo nuestro corazón lograr muchas cosas y solo encontramos tropiezos. Muchos de ellos, a veces se presentan en forma de personas que llegan a nuestras vidas con un disfraz de piedad y falsa misericordia y que solamente quieren engañarnos como la serpiente. ¡Cuidado! No hables con serpientes. A esas personas yo les llamo los «rompe sueños», que solo quieren criticar, hacer daño y ser piedras en el camino.

¿Has tenido en tu camino personas así? ¡Pues yo sí! Quiero que pienses en cuántas veces personas que aparentan ser buenas se han acercado a tu vida a ofrecerte muchas cosas hermosas, susurran a tu oído palabras agradables con las que te ofrecen «villas y castillas». Supuestas «amigas» que hablan con una voz tan dulce que al final guían al precipicio con sus malos consejos; familiares que, en vez de ayudar, quieren apagar tu luz.

Dentro de nuestro corazón sabemos que hay muchos que únicamente buscan su propia conveniencia, pero vienen como ángeles de luz a lisonjear para lograr algo a su favor. Aun así, muchas veces olvidamos nuestro valor y nos sentimos tan necesitadas de estima, que nada más queremos ser complacientes con otros o con nosotras mismas. Todos ellos son voces y situaciones que se convierten en piedras a las que hay que esquivar, día a día, pidiendo al Creador la guía para solo escuchar su voz. Esa voz te mantendrá alerta, será la que escucharás diciendo: «¡Cuidado! Ese no es el consejo. No vayas por ese camino. Vuelve. No continúes».

En mi camino me he encontrado con muchos que parecía que tenían como misión destruir mis sueños, desanimarme o dar opiniones que eran de muy poca edificación en mi vida; curiosamente, algunos de ellos, en algún momento fueron parte de mi círculo cercano. Sin embargo, dentro de mi corazón tenía la certeza de que lo que había dentro de mí era mucho más grande que todos los obstáculos que se presentaban y en eso me enfoqué. Siempre pensaba en grande, mientras que los «rompe sueños» no dejaban de hablar. Pero gracias a Dios decidí escuchar la voz correcta, la sublime, la de amor hacia mí, la voz de mi Dios, quien me decía dentro de mi corazón que no me detuviera, que había algo más que Él mismo había asignado y solo yo lo podía hacer.

Amada amiga, ahora puedes estar leyendo este libro porque creí en esa voz que me decía: «¡Tú puedes!, ¡escribe!». Decidí escuchar la voz de mi Padre y recordé que aunque muchos deseaban apagarme, hay un Dios que quería que resplandeciera y me dio vida, luz y fuerza para seguir. No era cierto lo que me decían los «rompe sueños», sino lo que Dios escribió de mí. Las personas que llegan a tu vida a destruir tus sueños y hacerte pensar que pueden terminar con tu propósito están equivocadas, porque Dios preparó algo hermoso que pronto vendrá y traerá cambios a tu favor. Aunque ahora sientas que te estás secando en el desierto, pronto florecerás.

La serpiente solo se arrastra; su lugar es el suelo y ese es su nivel. No permitas que te lleve a arrastrarte y te envuelva en sus mentiras, trayendo a tu memoria asuntos que te pueden causar tristeza o dejar cicatrices en tu vida. Sé lo que se siente porque a mí me ha pasado.

En medio de procesos que me han marcado, no puedo negar que me he sentido muy triste y a veces sin fuerzas, pero es entonces cuando recuerdo que debo seguir floreciendo, que Dios tiene frente a mí un oasis de bendiciones y que no debo permitir que nada me detenga. Recuerda que nadie te puede atacar más allá del nivel en donde está y a donde le dejes llegar, así que la serpiente únicamente te podrá herir en el talón o hasta tu tobillo; mientras que tú ¡le puedes aplastar la cabeza, en el nombre de Jesús! Sé que no es fácil, pero si yo pude, tú también podrás. Recupérate de la herida en el tobillo y sigue adelante, sigue caminando, ¡no te detengas! Tienes mucho qué hacer. Sé luz en medio de la oscuridad.

«Levántate y resplandece que ha llegado tu luz, y la gloria ha nacido sobre ti». (Isaías 60:1)

Es momento de resplandecer porque Dios te ha dado luz, puedes crear muchas cosas nuevas, dar vida y transformar todo lo que Él permite que llegue a tus manos. Puedes tener momentos difíciles, perder algo que habías comenzado, pero puedes volver a empezar. Es tiempo de nuevos comienzos, Dios te da una nueva oportunidad.

«Tú, enemiga mía, no te alegres de mí, porque, aunque caí, me levantaré; Aunque more en tinieblas, Jehová será mi luz.» (Miqueas 7:8)

~~~~~~~

Tu jardín

Me gustaría que imaginaras el jardín más increíble, el de tus sueños, el que quisieras tener o el que algún día desearías visitar. Probablemente en donde estaba Eva era algo similar. Pero cierra los ojos por un momento y sueña con las más preciosas flores y los aromas más delicados. ¿Lo hiciste? Es hermoso, ¿cierto? Para el cuidado de algo así, definitivamente lo mejor sería que lo hiciera un jardinero, un experto en el mantenimiento de cada flor, de la tierra, de las condiciones necesarias; porque sin duda, él sabría cómo cuidarlo de modo que pueda estar bien lindo todo el tiempo, mejor de lo que tú y yo lo haríamos.

Dios hoy te recuerda que eres como una hermosa flor, delicada y distinguida. Tu vida es ese hermoso jardín y Él es el encargado.

Por eso, permite que sea Dios quien lo mantenga para que con su amor y cuidado, pueda exhibirse en el lugar donde te haya plantado, porque en cada jardín podrías encontrar muchos animales o malas hierbas que podrían destruir su belleza.

Sigue floreciendo

Tal como Eva fue engañada por el enemigo, así planifica hacer contigo. Quiere confundirte para que no logres lo que Dios preparó para ti y depositó en tu corazón. *Eres dadora de vida, portadora de sueños y embarazada de propósitos.* No permitas que tu propósito sea abortado, ni por tus errores ni por las acciones de otros. Siempre, contra viento y marea, aunque tu jardín parezca secarse, aunque el sol queme en el desierto, sigue floreciendo.

Eva tuvo dos hijos: uno llamado Abel y otro Caín. Estos pequeños que eran su orgullo y deleite, llegaron a completar su familia y llenar su corazón de amor. Leyendo la historia escrita en el libro de Génesis, podemos imaginar que como toda mamá disfrutaba viéndolos crecer fuertes y saludables, riendo con sus ocurrencias, mediando entre ellos cuando discutían, y enseñándoles el amor y la honra al Creador. Si seguimos imaginando, podemos pensar que tal vez, Abel pasaba el tiempo con los animales; mientras que Caín era hábil trabajando la tierra y disfrutando de sus frutos.

Pero un día ocurrió lo inesperado; el calor del desierto se presentó asfixiante hasta la muerte. Ese día los muchachos decidieron levantar un altar con ofrendas a Dios, pero al hacerlo, el Señor miró la de Abel con más agrado que la de Caín. Fueron tales los celos que se despertaron en el corazón de Caín, que decidió acabar con la vida de su hermano (5). ¡Imagina lo que sintió Eva! La pérdida de un hijo es algo devastador para una madre, pero el dolor es mucho mayor si el asesino fue su otro hijo. Como mamá de tres hijas a quienes amo con todo mi corazón, siento empatía hacia ella y no puedo imaginar lo destrozada que se sentía.

A ti, madre, que quizás te sientes triste por situaciones con tus hijos; a ti, mujer, que te sientes sola en tu desierto; a ti, que has sufrido una traición de quien menos esperabas; necesitas seguir conectada a la fuente de vida para resistir, y aunque pases dificultades, pronto todo pasará si te anclas en Dios. No olvides: ¡Eres dadora de vida!

Hay nuevas oportunidades para ti y tus hijos son promesas de bendición. Eva pasó por un proceso difícil, un terrible desierto, pero nada la detuvo. Su Creador le dio una nueva oportunidad en medio del llanto amargo por la pérdida de su hijo y tiempo después dio a luz a un nuevo regalo, a quien llamó Set, que significaba *sustitución*, puesto que Dios, «le había sustituido un hijo, en lugar de Abel»(6).

No dejo de admirar a esa mujer. La misma que había sido engañada por la serpiente, hoy se mantenía firme en medio del dolor y florecía recibiendo un nuevo comienzo. Eva nos enseña que hay momentos cuando se termina lo que tanto soñamos y amamos. Se muere y llegan los cambios inesperados a nuestra vida. En medio de tanto sufrimiento solo nos preguntamos cómo es posible florecer en ese desierto.

Son etapas en las que sentimos que en nuestro jardín solo hay sequedad y flores marchitas y únicamente queremos dormir para nunca más despertar. Es entonces cuando Dios nos permite ser fortalecidas y comienza a despertar nuestros sueños y la visión que Él ha depositado en el corazón; esa semilla exclusiva y única, sembrada y capacitada para florecer sin importar el viento, el frío, el calor o las tormentas, porque después de esa temporada vuelve a llegar la primavera.

Eva cayó pero se levantó. A pesar de que pecó escuchando a la serpiente y tiempo después sufrió la pérdida de su hijo, ella siguió creyendo y Dios trajo restitución. Por eso, no te alegres de alguien que esté en el suelo porque mañana podría levantarse, cambiar su historia y continuar su propósito en Jesús. Y si hoy te sientes caída, no te preocupes, todas pasamos por esas estaciones o temporadas, pero solo son eso: temporadas. Muy pronto pasarán y tu tristeza se convertirá en gozo; el dolor de hoy, mañana será su testimonio para que puedas levantar a otras que quizás estén igual que como tú estabas, solo procura sanar tus heridas para poder ayudarlas a sanar las suyas.

Levántate en fe para seguir haciendo lo que Dios te ha enviado a hacer. Eso que está dentro de ti, que muchas veces no comprendes, es lo que necesitas para descubrir tu oportunidad de brillar. Sigue floreciendo porque eres un hermoso jardín y Dios te va a bendecir. Decide seguir adelante en el propósito que Él diseñó para tu vida.

Eres una flor única y Jesús desea mostrar tu belleza al mundo para que puedas perfumarlo con esperanza, amor y consuelo, un aroma que transforme a cada persona que, en medio de su desierto, necesita florecer.

Te invito a que cada día, seas la mejor mujer que puedas ser y que recuerdes que en las manos de Jesús tu vida será transformada. Él es el jardinero y te pondrá en el lugar adecuado para que saques lo mejor de ti. Florece donde quiera que te encuentres, porque pronto llegará la primavera.

No te afanes

La historia de Marta y María

«Respondiendo Jesús, le dijo: Marta, Marta afanada y turbada estás con muchas cosas. Pero solo una cosa es necesaria: Y María ha escogido la buena parte, la cual no le será quitada» (Lucas 10: 41-42)

Marta y María eran hermanas de Lázaro, amigo de Jesús (7). Aconteció que yendo de camino, Jesús pasa a visitar a sus amigos y aunque Marta y María eran hermanas y vivían en la misma casa, tomaron acciones diferentes ante esta visita: María tranquilamente se sentó a los pies del Maestro; mientras que Marta se preocupaba por los quehaceres del hogar (8).

Puedo imaginar a Marta, hospitalaria y atenta, limpiando su casita, poniendo hermosas flores, sacando un bonito mantel, verificando que todo estuviera en su sitio y preparando algo para cenar. ¿Te parece familiar? ¿Qué haces cuando sabes que llegará una visita? Si eres como yo, querrás tenerlo todo hermoso y listo en tu hogar para que los invitados se sientan a gusto. Organizamos, limpiamos y hasta sacamos aquella vajilla nueva que lleva años guardada y se nos olvida que tenemos. Es algo que todas queremos hacer; nos preocupamos, a veces en exceso, por tener todo listo y brillante.

Ahora imagina, ¿qué harías si ese invitado fuera Jesús? Creo que seguramente seríamos como Marta, corriendo de aquí para allá para que todo estuviera perfecto. Y no está mal. Lo mismo hacemos con las diferentes tareas que atendemos, en nuestro trabajo, estudios, familia o ministerio; intentamos hacer lo mejor y dar la mejor atención a nuestros invitados o personas que nos rodean. El problema está en que muchas veces olvidamos que hay oportunidades irrepetibles que son de gran importancia. No nos damos cuenta de que debemos aprovechar el momento indicado y enfocarnos en lo que llega a nuestra vida en tiempos específicos. Con esto no quiero decir que Marta estaba mal, porque pienso que sus intenciones eran buenas, pero sí resaltar que por estar enfocada en otras cosas, dejó de escuchar la enseñanza de Jesús.

Muchas veces nos pasa como a ella: Jesús nos visita y nos quiere enseñar algo, pero por estar pendientes a asuntos pasajeros no escuchamos Su voz ni sus enseñanzas. Dejamos de conectarnos con Él, de buscar Su presencia y sin darnos cuenta, podemos perder grandes bendiciones.

Las situaciones que se nos presentan nos pueden distraer del camino. Lo podemos notar, por ejemplo, cuando Marta le dice a Jesús que su hermana no la estaba ayudando, dejándole ver que estaba cansada y que se sentía con todo el peso del hogar encima... cómo nos pasa muchas veces. Pero al tener que lidiar con tantas responsabilidades en nuestras vidas, es importante saber poner límites, bajar la velocidad y organizarnos un poco más. No se trata de dejar de hacer las tareas o asuntos pendientes; sino reconocer el momento oportuno para realizar todo lo que debemos y queremos hacer.

«Pero Marta se preocupaba con muchos quehaceres, y acercándose dijo: "Señor, ¿no te da cuidado que mi hermana me deje servir sola? Dile pues que me ayude"».
(Lucas 10:40)

Marta se hartó y dijo: ¡Hasta aquí llegué! Aunque nos sorprende, hemos de reconocer cuánto nos pasa, cómo nos sentimos cuando las fuerzas se agotan, nos sentimos solas con todo y ya no queremos continuar. Siento empatía con Marta; ella se sentía cansada, abrumada y molesta, ¿Por qué tenía ella que hacer todo en su hogar? ¿Cuántas veces nos sentimos con muchas responsabilidades y que, aunque hay muchas personas a nuestro alrededor, estamos solas con todo y ya no podemos más?

¡Claro! A todas nos ha pasado, mucho más cuando tenemos muchas cosas que hacer, por ejemplo: atender a la familia, trabajar fuera del hogar, cuidar la casa, estudiar, servir en el ministerio, entre otras. Son tantas que sentimos que el día no alcanza y es tanto el afán que perdemos el verdadero enfoque: ser agradecidas.

En nuestra relación con Dios sucede algo similar y nos convertimos en «Martas». Viene Jesús a visitarnos y nos preocupamos mucho más por prepararnos y tener todo listo e impecable, en vez de dejarlo todo a un lado y recibirlo a Él, para solo escuchar su voz; nos olvidamos de que Él realmente quiere hablarnos. El trabajo y las responsabilidades muchas veces ocupan el primer lugar en nuestras vidas y no nos permiten realmente reconocer que fuimos creadas por Dios, para cumplir Su propósito. Si no escuchamos Su voz no podremos identificar lo que quiere hacer con nosotras y hacia dónde debemos ir para lograr el máximo potencial en Cristo.

Es normal que al ser madres, amas de casa, casadas o solteras, mujeres que trabajan fuera del hogar, que ejercen un ministerio, o sea cual sea la situación, tendamos a afanarnos por tener todo en orden, limpio y al día. Queremos todo perfecto, pero suele ser muy agotador. Ante eso debemos reconocer nuestros límites y entender que hay cosas que podemos controlar y otras que no están en nuestras manos.

Debemos estar atentas a lo que Dios nos permite tener durante nuestro caminar, porque muchas veces pensamos que todas las oportunidades han de llegar a nuestras vidas solo de una manera o forma específica. Recuerda que hay oportunidades que solo se dan una vez y si no las aprovechamos se van y a veces no regresan. Dios siempre está en movimiento, trabajando a nuestro favor para bendecirnos en todo momento. Así que debemos estar siempre listas, porque si no «se nos va el tren».

«El que viento observa, no sembrará; y el que mira las nubes, no segará». (Eclesiastés 11:4)

La preocupación muchas veces nubla los pensamientos, así como sucede con la neblina en la carretera. En las zonas desérticas hay días de mucha neblina y mientras conduces, esa niebla no permite ver con claridad el camino. En esos momentos solo sigues circulando con las luces encendidas, dejándote guiar por las líneas en la vía.

Te puedo confesar que esas líneas me hacen estar un poco más tranquila, porque necesito algo que me ayude a continuar en el camino, aun con temor, y sé que siguiéndolas llegaré. Así es Dios en nuestras vidas, si nos dejamos guiar por Él habrá neblina y momentos oscuros, pero cuando Él dirige podemos llegar al destino. Sé la mejor madre, trabajadora, emprendedora, estudiante, líder o ama de casa que puedas ser, pero no permitas que las situaciones presentes de la vida sean más importantes que tomar tiempo para poder conectar con Dios. Recibe a Jesús en tu casa y en tu vida, para que no pierdas de vista eso que solo tú estás asignada a desarrollar en este tiempo.

No pierdas el enfoque en Jesús, porque siempre habrá trabajo que hacer, problemas que resolver y responsabilidades que atender, pero debes preocuparte primero en conectar con Dios. No trates de controlarlo todo. Hay situaciones en las cuales no podrás tener el control y que únicamente el Señor puede manejar.

La vida se trata de cambios continuos que Él permite para fortalecerte y sacar lo mejor de ti. El problema es que, a veces, al tener el enfoque puesto en las tareas, en vez de en el propósito, te distraes y le quitas al Señor el primer lugar. Sé que muchas veces las circunstancias te pueden hacer sentir abrumada y cansada, pero ¡abre los ojos! Tal vez tienes las mejores oportunidades muy cerca de ti y las estás dejando perder por enfocarte en lo que realmente no debe tener tu máxima atención. Jesús quiere visitarte hoy, cambiarte y darte nuevas instrucciones para bendecirte y que puedas impactar al mundo. Tu Creador te diseñó con la capacidad de lograr lo que Él quiere para ti.

<hr />

María, a los pies de Jesús

Ahora veamos la posición opuesta. María decidió sentarse a los pies del Maestro, dejó todo a un lado y solo quería escucharlo. Ella sabía que esa oportunidad no se podía dar todos los días y aprovechó ese momento único para su vida.

«Respondió Jesús, le dijo: "Marta, afanada y turbada estás con muchas cosas. Pero solo una cosa es necesaria: Y María ha escogido la buena parte, la cual no se le será quitada"».
(Lucas 10:41-42)

Al momento de recibir a Jesús, Marta estaba haciendo lo mismo que todas nosotras en nuestro diario vivir. María estaba en la misma situación, pero cada una se enfocó en realizar cosas diferentes y tuvieron la oportunidad de elegir. Cada quien decide qué hará con las oportunidades que se le presentan, porque siempre tenemos la opción de escoger.

Te invito a ser parte de la escena de ambas, ¿cuál serías tú y por qué? Piensa que a todas se nos pueden presentar bendiciones, pero cada una es diferente y depende de cada quien cómo las vemos y cómo reaccionamos ante ellas.

¡Mira qué hermoso es el Señor! Nos da la oportunidad de elegir y tomar la decisión correcta en el momento en que tenemos la bendición frente a nosotras. Lo importante es aprender a respirar, tomar un tiempo, ir más despacito y no dejar pasar las oportunidades que podrían deshacerse en nuestras manos.

Seguir el ejemplo de María que detuvo todo para escuchar a Jesús, el único que puede alumbrar nuestro camino en momentos de oscuridad, darnos descanso y fuerzas cuando ya no hay más. Escuchar la voz de Jesús y aprender de sus enseñanzas para poder resistir el día difícil, es la mejor decisión que podemos tomar. De eso se trata tomar las oportunidades que Él nos da, de reconocer que no podremos con nuestras propias fuerzas y que necesitamos de Él para continuar la carrera y obtener la victoria.

Te invito a que te sientes a sus pies y escuches Su voz, que llenes tu alma y espíritu de Su Presencia, para que los vientos contrarios del desierto no te desenfoquen de tu camino, sino que puedas seguir guiada por Él. Sé que muchas tenemos nuestros días de ser como Marta y otros días como María, pero recuerda escoger la mejor parte y tomar las decisiones correctas sin olvidar que el mejor lugar es a los pies del Maestro.

Necesitamos de Su presencia, necesitamos conocerlo, imitarlo, parecernos a Él, para así poder establecer el Reino de Dios y ser sus mejores discípulos. No hay nada mejor que escucharlo y obedecerlo para ver llegar la bendición a nuestra vida y familia, por siempre.

Jesús es la mejor visita que puedes tener en tu casa y en tu vida; déjalo entrar y nunca te faltará nada. Las tareas diarias o responsabilidades te pueden distraer de los planes de Dios, por eso es necesario estar alerta a la voz correcta; sin abandonar tus responsabilidades, pero teniendo en cuenta en que en el momento en el que Él toque la puerta, puedas recibirlo y escucharlo.

Pon en sus manos todo lo que te preocupa, porque solo Él tiene el poder para tomar el control de tu vida. Si Jesús es el centro de tu familia y tu hogar y lo pones a Él primero, lo demás vendrá por añadidura.

«Si Jehová no edificare la casa, en vano trabajan los que la edifican, si Jehová no guardare la ciudad, en vano vela la guardia». (Salmo 127:1)

Cuando yo permití que Jesús guiara mi vida en medio del desierto, aprendí a depender de Él. Pero para que eso sucediera tuve que disponerme a escuchar Su voz y seguir las enseñanzas que están escritas en la Biblia. Fue necesario reconocer la importancia de su visita en mi vida y dejar por un momento todos los ruidos externos, para aprender a identificar Su voz, sentarme a sus pies y conectarme con Él.

Haciendo esto, pude escucharlo para que Él me enseñara el camino. De hecho, ahora tú puedes leer este libro porque escuché Su voz. Este libro fue puesto por Él en mi corazón para decirte que si lo escuchas, Él te enseñará y te guiará a hacer aquello por lo cual te diseñó.

Deja que Jesús sea el que guarde tu hogar y que sea el motivo para seguir adelante. Solo bajo su cuidado estarás segura. Una mujer que escucha, aprende y se deja guiar por Dios, recobra las fuerzas para resistir desafíos, continuar en las adversidades de la vida diaria, y recargar baterías para enfrentar la tempestad.

~~~~~~

Florecieron mis rosas

Quiero compartirte algo que impactó mi vida cuando aprendí, como María, a detenerme. Una lección simple pero hermosa. En el jardín de mi casa tengo rosas rojas y muchas veces voy tan deprisa que no había notado que florecieron. Hasta que un día las observé y me pregunté: ¿Por qué no he tomado el tiempo para oler las rosas? Eran hermosas, estaban frente a mí y ¡yo no lo había notado! Quizás fue algo muy sencillo, pero reconocí que ellas florecerían por un tiempo determinado y de no olerlas en ese momento, posiblemente perdería la oportunidad y cuando quisiera hacerlo, habría pasado el tiempo de ver su hermosura y oler ese aroma exquisito que tienen.

Así nos pasa muchas veces: tenemos bendiciones, quizás muy sencillas, pero están ahí, y no tomamos el tiempo para detenernos, apreciarlo y dar gracias. Por eso, recuerda que hay momentos en los que debemos ir más despacio para disfrutar el viaje de la vida y detenernos a «oler las rosas de nuestro jardín». Apreciemos las bendiciones sencillas, demos gracias por todos, tengamos a Dios siempre en primer lugar, escuchemos Sus enseñanzas y procuremos ser grandes discípulas. Solo así lograremos cosas que nunca alcanzaríamos en nuestras propias fuerzas.

¡Escucha hoy Su voz! No hay mejor lugar que estar a Sus pies, delante de esa Presencia que te cuida, guía y revela el propósito, en conexión íntima con Él. No te afanes y déjalo entrar en tu vida, para ser transformada, bendecida y prosperada. ¡Déjalo entrar!

Vestida de sabiduría y prudencia

La historia de Abigail

«Y aquel varón se llamaba Nabal y su mujer, Abigail. Era aquella mujer de buen entendimiento y de hermosa apariencia, pero el hombre era duro y de malas obras; y era del linaje de Caleb». (1 Samuel 25:3)

Abigail era una mujer hermosa, sabia e inteligente, que estaba casada con un hombre muy rico y mezquino llamado Nabal. Él tenía una hacienda en la ciudad de Carmel y allí hacía negocios y esquilaba sus ovejas. Era un hombre poderoso, pero de malas obras y conducta.

La Biblia nos cuenta que en una ocasión, el rey David se encontraba en el mismo desierto en el que Labán estaba trabajando. Durante todo ese tiempo, sus hombres habían protegido a los pastores de Labán y cuidado de sus campos. Así que, teniendo en cuenta esta relación de compañerismo, David envía a sus siervos a pedirle un favor a Nabal, confiando en que obtendría una respuesta positiva por su parte. Sin embargo, se llevó una desagradable sorpresa cuando, al llegar sus siervos, la contestación de este hombre fue: *«¿Quién es David y quién es el hijo de Isaí?»*(9) negando la ayuda que en ese momento el rey necesitaba.

David tenía un gran corazón, pero a la vez era un fuerte guerrero. Por tanto, al recibir la respuesta de Labán, un hombre desagradecido, sin lealtad ni palabra, salió con cuatrocientos hombres armados a enfrentarlo. Las noticias de lo que estaba pasando llegan rápidamente a oídos de Abigail, quien se entera de cómo David y sus hombres habían cuidado a los siervos de Labán y la respuesta que su esposo había dado a su petición. Así que, como mujer sabía que era, al saber que el rey iba a buscar a su marido para matarlo, prepara comida y sin decir nada, sale a su encuentro.

Al encontrar a David en el camino, Abigail se humilla delante de él, le ruega que disculpe la necedad de su esposo y le pide que ponga sobre ella el pago por lo que su marido había dicho. Tal acto impactó tanto al rey, que ella y su casa reciben su perdón y desiste del plan de acabar con Nabal y sus hombres.

Abigail toma una rápida acción para evitar que su casa fuera destruida por la necedad de su esposo. La sabiduría de una mujer y su pronta reacción ante la situación, pudo cambiar el corazón de un guerrero enfurecido.

Tiempo después, Nabal muere y David busca a Abigail para tomarla como su esposa. Su sabiduría lo había cautivado (10).

~~~~~

Cambia la historia de tu familia

Abigail estaba casada con un hombre que tenía todo lo material, pero era insensato; abundante en riquezas, pero escaso en sabiduría, discernimiento y agradecimiento. Hay personas así, llenas de bienes materiales y sin ninguna gratitud a Dios por lo que tienen.

Nabal era muy necio y solo pensaba en él. Ella era todo lo contrario: prudente, sabia, agradecida, humilde y capaz de tomar acción rápida ante una situación difícil. Cuando la amenaza de destrucción venía, como consecuencia de la mala acción de su esposo, Abigail tuvo la sabiduría para poner las cosas en perspectiva, logrando, de esa forma, detener lo que podía haber sido una gran desgracia para su casa.

Dios le ha dado a la mujer la bendición de ser compañía idónea para el hombre y también la capacidad de discernir muchas cosas que tal vez, en medio de problemas o situaciones muy difíciles, a ellos no se les hace tan fácil ver. Tiene una sabiduría especial que se convierte en un complemento para su esposo, en aquellos momentos en los que necesita de un consejo sabio para lograr cosas buenas para el hogar.

Por eso, es necesario estar conectadas con Dios en todo momento y de esa forma, ser de bendición a la familia y el matrimonio. No sé cuál sea tu situación hoy, pero si es como la de Abigail, en la que dependes de una sabiduría especial para ayudar a tu marido, dar un consejo o tomar una decisión trascendental, necesitas una gran conexión con tu Padre celestial.

Allí, en Su Presencia, recibirás ideas del cielo, estrategia e instrucciones que te ayudarán a ejercer tu rol como mujer sabia. Recuerda que tú tienes la mente de Cristo y que puedes decidir ser una mujer que construye, forma y bendice a su familia; una que marque la historia de esta generación para transformar, edificar e impactar las próximas generaciones.

Seguramente tú, como todos, en algún momento enfrentarás situaciones en las que fácilmente podrías perder la calma: un conflicto con la familia, problemas en el trabajo, o momentos de presión en los que una reacción inadecuada podría traer consecuencias muy perjudiciales. Pero las acciones y palabras oportunas de Abigail en un momento de gran presión, nos enseñan cuán importante es cuidar cómo hablamos para no empeorar las situaciones, sino, por el contrario, vestir nuestras palabras de sabiduría, prudencia y amabilidad para todos.

«La blanda respuesta quita la ira; más la palabra áspera hace subir el furor». (Proverbios 15:1)

Cuán necesario es que recibamos esa sabiduría que solo Dios puede dar, que podamos fortalecer nuestro carácter y pensar antes de ofender o decir algo de lo que luego nos podamos arrepentir. Cuánto podemos cambiar, mejorar y sanar siendo mujeres prudentes con lo que decimos, porque muchas de las heridas que se sufren en la edad adulta, fueron causadas en la niñez por alguien que, en algún momento, no utilizó las palabras correctas.

Mujer, bendice, edifica y construye con tus palabras, para que todos los que te rodean puedan ser bendecidos.

Necesitas la ayuda del Espíritu Santo para ser guiada con esa sabiduría que vimos en Abigail. Así tendrás fuerzas y aliento en medio de las situaciones que necesitan de acciones y decisiones certeras que determinarán el rumbo de tu vida y la de tu familia.

«La mujer sabia edifica su casa; más la necia, con las manos la derriba». (Proverbios 14:1)

Decide convertirte en una mujer sabia y prudente, y de ser la mejor compañera idónea, esposa, madre y amiga que puedas ser. A veces no reconocemos el gran valor que tenemos y eso tiene que cambiar. Quiero que veas lo relevante que es tu compañía y el soporte que das a tu familia, cuán importante eres en tu entorno y en todo lo que Dios ha puesto a tu cargo.

No eres solo una esposa o madre, eres la ayuda idónea que Dios le ha asignado al hombre que te ha dado. Eres la ayuda perfecta, la compañera de vida de tu amado y con sabiduría, pasión y obediencia a Dios, lograrás cambiar la historia de tu vida y la de otros.

Ahora, si todavía no estás casada o apenas estás por formar una familia, comienza desde hoy a transformar tus pensamientos en los pensamientos de Cristo y esas serán las herramientas de sabiduría que necesitarás para ser agente de transformación, bendición y abundancia. Espera en Él, porque sabe qué es lo mejor para ti. Procura poner a Dios primero en todo lo que emprendas, para que siempre seas esa mujer sabía que edifica su casa. Permite que los pensamientos y el corazón de Dios se conecten al tuyo. Si estás sola con tus hijos, pídele al Señor sabiduría para ser resistente y darles el consejo sabio a los tuyos. Si estás con tus padres o si estás sola, procura ser cada día más sabia y verás que todo tu entorno comienza a ser bendecido y transformado a tu favor.

Busca ser una mujer que construya sobre la Roca, para que cuando lleguen los vientos contrarios puedas resistir. Deja que Dios te transforme, siempre en humildad, y Él te guiará al camino correcto, de bendición y propósito. Comienza a mirarte como Dios te ve, no como tú crees que eres. Eres mucho más de lo que dicen los demás de ti. Deja de pensar que no tienes un rol importante en tu hogar, ¡eres transformadora de historias! Tú puedes cambiar el rumbo de tu hogar para bendición.

Haz lo correcto

Abigail era una mujer que yo podría describir como una ama de casa con una condición económica cómoda. Tenía todo lo necesario para ser feliz, materialmente hablando; pero no tenía un esposo sabio, sino un hombre que pensaba que no necesitaba de nadie y que con sus fuerzas podría lograrlo todo. Su soberbia no lo dejaba ver que alguien mucho más poderoso que él podía terminar con todo lo que tenía, y que la misericordia de Dios los cubrió al contar con una mujer valiente, decidida y llena de gallardía, que logró detener una sentencia de muerte y alcanzó el perdón de las ofensas.

Esta mujer hizo lo correcto en un momento crucial, y con muy poco tiempo para accionar. Ella habría podido pensar: «Yo soy una mujer rica, ¿por qué me tengo que ir a humillar ante nadie?... además, eso es problema de Nabal, por arrogante y desagradecido». Sin embargo, ella no tomó decisiones según lo que para ella era correcto. No permitió que la vanidad o el orgullo le ganaran, sino que, por el contrario, en humildad y reverencia fue al encuentro del rey. Sus acciones demostraron firmeza, sabiduría y seguridad en sí misma, y también, que su prioridad era agradar a Dios, a pesar de la necedad de su esposo. ¡Cuánto tenemos que aprender de Abigail! Hizo lo correcto, en el momento correcto. Su humildad y prudencia cambiaron lo negativo y lo hecho pedazos, en una gran bendición.

«Con el orgullo viene el oprobio; con la humildad, la sabiduría». (Proverbios 11:2, NVI)

En todo lo que desees realizar recuerda la humildad de Abigail. Asumió la responsabilidad de su esposo en aquel momento ante el rey David, tuvo una actitud desprendida y se enfocó en el bienestar y el futuro de su pueblo. Tuvo un enfoque claro al pedirle al Rey David que perdonara a su esposo Nabal, y su decisión cambió la historia de su familia, tal como puede pasar contigo.

Tú puedes ser un ente de cambio en donde te encuentras. No es casualidad el lugar en el que Dios te ha posicionado, no es casualidad la familia en la que estás y todo lo que tienes. Todo lo que hay en tu vida es un regalo que Dios te dio para que, con sabiduría, puedas mejorar y tomar las decisiones correctas.

Dios te ha bendecido con todo lo que tienes y seguirá haciéndolo con lo que vendrá, si permites que Él sea quien dirija tu vida, tus decisiones y tus acciones.

Cambia tu concepto de ti misma y empieza a verte como alguien que puede lograr cosas para las que solo Dios podrá capacitarte. No importa que la gente no te entienda ni posea esa misma sabiduría, porque quizás no han decidido entregar lo que tienen al gran Maestro; pero comienza tú y hazlo hoy.

Dios tiene muchos planes para ti, solo tienes que conectar con Él para encontrar la sabiduría que te guiará a Su propósito. Esa dirección te llevará a hacer lo correcto y ver la recompensa en tu vida y en la de tus generaciones.

Déjame contarte una anécdota personal. Cuando mi hija Alanis empezó sus estudios universitarios, en nuestro nuevo tiempo en Texas, una de sus profesoras pidió a los estudiantes un ensayo que hablara sobre su vida, para conocerlos un poco más. Como teníamos poco tiempo de haber salido de Puerto Rico, su escrito estuvo centrado en describir la isla de una forma muy hermosa y además, me sorprendió al leerlo, porque allí expresaba que yo era su motivación y ejemplo, y que los consejos que yo le daba eran lo que la ayudaban a seguir adelante.

Ella escribía sobre las veces que la animé diciendo que Dios nos bendice y que había que aprovechar al máximo las oportunidades que nos daba, y mencionaba cómo esas palabras llegaban a su memoria en los momentos difíciles que el proceso de cambio trajo consigo. Escribía cuánto significaba para ella saber que el Señor abre nuevos caminos y que hay que vivir agradecidos y a la espera de que algo hermoso llegará.

Todavía guardo ese documento y recuerdo cómo mi corazón se sintió viéndola mostrar orgullosa su trabajo y contándome lo mucho que le había gustado a la profesora. Tanto que lo había dejado como ejemplo a sus compañeros, mientras que en mi interior pensaba que todo el sacrificio había valido la pena.

Te cuento esto porque muchas decisiones que debemos tomar no son fáciles, pero son correctas. En mi caso, en un momento de mi vida yo tuve que decidir dejar de ejercer mi profesión como maestra para cuidarlas y quedarme en el hogar, velando por ellas y dejándoles valiosas enseñanzas en su corazón. Cuando lo hice fue muy difícil, pero tiempo después, en detalles como ese, pude ver que había tomado la decisión adecuada.

No sé a qué reto te enfrentas hoy, pero mantén presente que hay sabias decisiones en momentos determinados, que son difíciles de tomar, pero que luego traerán recompensa. Así que te animo, hoy y siempre: haz lo correcto.

~~~~~~

Mujer sabia en todo momento

La palabra sabiduría se define como: «Entendimiento para resolver problemas, evitar o impedir peligros, alcanzar ciertas metas, o aconsejar a otros es lo opuesto a la tontedad, la estupidez, y la locura. También como facultad de las personas para actuar con sensatez, prudencia o acierto»(11). Tener sabiduría es tener cordura, prudencia, y un carácter listo para identificar qué hacer en momentos determinados y para reflexionar antes de actuar. La sabiduría es muy poderosa, así como también las acciones amables que le siguen.

Todos queremos ser sabios, pero muchas veces actuamos haciendo todo lo contrario a lo que debemos hacer. Sin embargo, Dios nos ha prometido que su sabiduría está a nuestro alcance si confiadamente la pedimos.

«Porque Jehová da la sabiduría, y de su boca viene el conocimiento y la inteligencia». (Proverbios 2:6)

«Si a alguno de ustedes le falta sabiduría, pídasela a Dios y él se la dará, pues Dios da a todos generosamente sin menospreciar a nadie». (Santiago 1:5, NVI)

El mundo puede empujarte a direcciones opuestas al plan de Dios, pero eres tú quien decides si eres una mujer conciliadora y llena de sabiduría para establecer paz y enviar el mensaje de verdad; o una que no es sabia y prudente y que puede destruir todo lo que Dios le ha permitido tener en este tiempo. Si le pides sabiduría a Dios, Él te la dará. Toma el tiempo para establecer una amistad con Él, para que puedas recibir la osadía y la inteligencia que solo el Padre te puede entregar.

«Mejor es adquirir sabiduría que oro preciado; y adquirir inteligencia vale más que la plata». (Proverbios 16:16)

Pensar que lo material que tenemos es todo, es un error. No quiero que malentiendas. No estoy diciendo que sea malo querer emprender, tener pertenencias y lograr metas en la vida. Lo importante es no olvidar que hay cosas de mucho más valor. Por encima de todo lo que puedas tener, tu más importante adquisición siempre será la sabiduría, porque ella será tu compañera en momentos de dificultad cuando sientes que no sabes qué hacer, cuando creas que estás en un laberinto del que no encuentras la salida. En medio del desierto, cuando solo puedes mirar al cielo y decir: ¡Señor, ayúdame! ¡Señor, guíame! La sabiduría de Dios está disponible para ti.

Llegarán situaciones que no podrás cambiar y que no estarán en tus manos. Sabes que no eres perfecta, pero en las manos de Dios lograrás la perfección. Allí, en humildad, recibirás fuerza y sabiduría para continuar y que todos te vean fuerte aunque estés muerta de miedo. No puedo decirte cómo evitar que eso suceda, pero sí puedo recordarte que Dios te fortalecerá para lograrlo.

Una mujer sabia puede ser osada y fortalecida en Cristo para cruzar fronteras, impactar vidas, transformar problemas en bendición, cambiar atmósferas y tristezas en alegrías. Una mujer sabia es imparable.

Aprendamos de Abigail, una mujer sabia que nos enseña que la sabiduría y la confianza en Dios es todo lo que necesitamos para ser mujeres de bendición y transformación para nuestra familia, nuestras generaciones y para el mundo. Busca la sabiduría para florecer en tu desierto.

Cuando una madre ora

~~~~

La historia de Ana

«Ella con amargura del alma oró a Jehová y lloró abundantemente» (1 Samuel 1:10)

La historia de Ana nos inspira a creer que los milagros pueden suceder y que si tenemos fe, podremos ver lo imposible hacerse realidad. Esta mujer oraba y lloraba sin consuelo pidiendo a Jehová, con toda su fuerza, que la mirara y le permitiera tener un niño. Ella decide ir al templo a orar al Dios que podía hacer un milagro en su vida, y ahí estaba el sacerdote Elí.

«Mientras ella oraba largamente delante de Jehová, Elí estaba observando la boca de ella. Pero Ana hablaba a su corazón, y solamente se movían sus labios, y su voz no se oía; y Eli la tuvo por ebria. Entonces le dijo Elí: ¿Hasta cuándo estarás ebria? Digiere tu vino. Y Ana le respondió diciendo: No, señor mío; yo soy una mujer atribulada de espíritu; no he bebido vino ni sidra, sino que he derramado mi alma delante de Jehová». (1 Samuel 1: 12-16)

Ana siguió creyendo que algo sucedería. Seguía confiando y no dejaba de orar; clamaba sin fuerzas, pero no se detuvo hasta que llegó su milagro. Puede que muchos a tu alrededor no comprendan las situaciones por las que estás pasando. Ellos ven lo superficial, pero Dios mira el corazón. Él te escucha, está atento a cada lágrima, a cada oración que has hecho a solas en tu habitación y que solo tú conoces. Dios está presente. ¡Persiste! No dejes de orar y creer.

¡Cuánto tenemos que aprender de Ana! Ella decidió no hacer caso a las burlas y fue a llevar su tristeza y angustia al Señor, convencida de que podía vivir algo diferente. Ella sabía que podía ver un milagro, que eso solamente sería una parada en el camino y que todo pronto pasaría. Las burlas no la detuvieron, las críticas no la paralizaron, el desprecio no la derrumbó, sino que la hizo resistente. En medio del dolor siguió caminando, ¿sabes cómo? Negándose a pensar que esa situación era permanente, orando y creyéndole a Dios.

En medio de su amargura lloraba sin consuelo, hasta el punto de ser reprendida por el sacerdote Elí, quien supuso que estaba ebria. Pero ella solo hizo una promesa a su Padre, nuestro Creador. Ana reconocía que nadie más podía ayudarla, pero que Dios sí estaba presente en su historia. En esa oración su vida fue transformada y su petición fue respondida. El llanto de Ana, que nació desde lo más profundo de su ser, llegó al dador de todo y le permitió ver la bendición en su vida. Ella hizo la promesa a Dios de que su hijo iba a servir en el templo desde niño y al recibir el gran milagro, ella cumplió su parte del pacto, convirtiéndose en la madre de Samuel, uno de los profetas más importantes en la historia del pueblo de Israel. Todo lo que Dios le decía a Samuel se cumplía y todos confiaban en él (12).

Ana prometió y cumplió, pero a veces le prometemos muchas cosas a Dios cuando estamos angustiados y cuando llega la respuesta se nos olvida quién nos ayudó; al obtenerlo nos alejamos del dador de todo. ¡Cuídate de eso! Dios quiere seguir bendiciéndote, pero no te apartes de Él cuando ya tengas tu milagro. Sé fiel y Él te recompensará en público.

En medio de cada situación Dios tiene un propósito y cuando somos fieles, Él pelea por nosotros, lo que es una garantía de victoria. Trata cada día de ser más como Él, ámalo más que a todo lo que te pueda dar, confía en el Padre, tu Creador, y avanza en fe. ¡Él te escuchará!

~~~~~

Yo también lloré

Soy madre de tres hermosas hijas: Alanis, Fabiola y Alondra, ¡Qué alegría! Todas tienen diferentes personalidades, pero cada una es muy especial. Ellas cambiaron mi manera de ver la vida con lo que aprendo cada día de ellas. Pero cuando mi segunda hija, Fabiola, tenía solo un mes de nacida, algo inesperado sucedió.

En aquel tiempo, mi madre me ayudaba a cuidarla para que yo pudiera continuar mis estudios. Pero en una ocasión se percató de que algo no estaba bien en la niña. Faby no respondía al llamarla y su mirada estaba perdida. Visité los mejores médicos de la isla y nadie encontraba lo que mi hija tenía.

No imaginas la tristeza que sentía al intentar hacer todo por encontrar una respuesta y que nada sucediera. Yo solo lloraba sin consuelo, tal como Ana. Fueron momentos de angustia. Ver cómo estaba me llenaba de temor al pensar que no podría verla crecer. En medio de mi llanto, oré con todas mis fuerzas pidiéndole a Dios un médico que nos ayudara. ¡Y Él me escuchó!

Un día me encontré con un amigo de la familia, el Dr. Cruz, un hombre mayor, con gran experiencia profesional, que también era cristiano y formaba parte de la iglesia a la que asistíamos. Él me preguntó: ¿Vas a seguir todas mis instrucciones?, y yo, por supuesto, contesté que sí. Seguidamente me dijo: «Vamos a encontrar lo que la niña tiene con la ayuda de Dios» y empezó a buscar respuestas.

Pasados unos días, me dijo: «¿Sabes? Estaba orando, pidiéndole a Dios que me ayudara a encontrar lo que tu niña tiene, cuando llegó a mi mente esto: "amonia alta"». Los altos niveles de amonia en la sangre pueden llevar a problemas de salud muy graves, como daño cerebral, enfermedades del hígado, e incluso podría llegar a perder la vida. Él me explicó todas las consecuencias de tener esa condición y que el daño en su cerebro no le permitirá hacer muchas cosas por sí sola. ¡Qué dolor para una madre que únicamente deseaba ver a su bebé sonreír, jugar con su hermana y verlas juntas cantando!

En mi mente yo decía que eso no podría pasar, y aunque la niña estaba muy mal, yo seguía persistente en la oración. Yo seguía orando como Ana. Mi hija fue creciendo y comenzamos a ver cambios de comportamiento. Ya comenzaba a responder y se comunicaba un poco más, haciendo su mejor esfuerzo.

Por ejemplo, cuando quería ir al patio a ver los pajaritos, ella daba golpecitos en nuestro hombro para indicar que quería ir afuera. También comenzó a reír y yo reía con ella. Después de varios cambios recomendados por el médico y ya pasando los meses, el doctor nos habló de que la mejoría de la niña era muy lenta y que esa condición tenía que haber mejorado más, considerando el tiempo que había pasado. Ahí comencé a sollozar de nuevo, pensando que nada bueno llegaría a nuestras vidas.

Nadie lo hará como tú

Recuerdo como hoy cuando fui al altar de la iglesia con mi niña en brazos. Lloraba con un dolor tan profundo que no lo puedo olvidar y oraba, como Ana, a mi Padre celestial. ¡Cómo olvidar ese día, cuando sentí que ya no había esperanza! Me habían dicho que ya no podían hacer más, pero no me cansé de orar. Seguía orando, persistiendo.

En mi viaje, una amiga a la que llevo tiempo de conocer, en medio de una conversación me dijo unas palabras que me penetraron hasta el alma:

«Ora por tus hijos porque nadie orará por ellos como lo harás tú».

Al escucharla, llegó a mi mente la historia de Ana. Así también yo lloraba y clamaba por la sanidad de mi hija. Mientras nadie daba esperanzas, seguía esperando en mi desierto. Hoy puedo decir que en la situación que atravesé con mi hija años atrás, pude reconocer que mi Redentor vive. Cuando creí en fe que Dios me estaba escuchando y que obraría en la vida de mi hija, ocurrió el milagro.

Mi hija respondió al tratamiento y fue mejorando poco a poco. Tanto mejoró, que un día comenzó a bailar con su hermanita en la sala de nuestro hogar y yo, sin saber lo que ocurría, pensaba que estaba teniendo alguna reacción. Al contrario, ¡estaban cantando! Mi niña estaba hablando a su hermana Alanis, con palabras o frases cortas, y disfrutando de su compañía.

Al pasar casi dos años, el Señor obró en mi hija completamente. Él me escuchó y ¡ella fue sanada! Fabiola comenzó a tener un crecimiento y desarrollo muy normal, acorde con su edad; participaba en deportes en la escuela, incluso fue parte de un equipo de natación; todo esto mientras obtenía unas calificaciones excelentes.

¡Dios es bueno! Hoy, al terminar de escribir este libro, mi hija ya tiene veintiún años, es una joven muy capaz y una estudiante de excelencia. ¿Quién lo pudo hacer? El Dios que también escuchó a Ana y le dio a su hijo Samuel. Un día lloré sin consuelo, pero mi Dios no me soltó en mi desierto. ¿Cómo agradecerte, mi Dios, por tanto? Poder verla hasta donde ha llegado es un gran milagro, porque cuando la ciencia dice: «No podemos hacer nada», ahí es cuando Dios se luce. Mi Señor, mi Dios, el mismo que le dio a Ana su hijo Samuel; el mismo que sanó a mi hija, es el mismo del que te hablo hoy. Él hace milagros y nos bendice, pero muchas veces primero hay que llorar y clamar.

Si eres madre, nunca pierdas la fe. Sigue orando, sigue persistiendo, cree en el Dios que hace milagros en tus hijos. Yo siempre le recuerdo a mi hija lo que el Señor hizo en su vida, para que nunca olvide que el Dios de lo imposible, lo hizo posible. Si esperas un milagro, haz una oración que cambie el curso de tu vida e impacte a muchos. Si tienes una pasión que Dios ha puesto en tu corazón, aunque todavía no la veas realizada, síguela. Atrévete a seguir tras eso que arde dentro de ti. Lo que esperas puede suceder, solo tienes que creer. Resiste el proceso, pronto llegará la luz y florecerás en tu desierto.

Tu oración, consagración y determinación, harán que tu bendición llegue ¡pronto!. Solamente espera el tiempo perfecto de Dios.

Hay bendiciones que tienen tu nombre, milagros que necesitas ver hechos realidad y lágrimas que pronto se convertirán en gozo. Hoy pude contarte sobre el milagro que Dios hizo a mi hija. La alegría de verla reír, hablar, jugar y aprender, no tiene comparación con nada material, no lo podemos comprar porque no tiene precio; nada más podría suceder si mi Dios lo permitía y así lo hizo. Yo vi el milagro porque no me rendí, no tiré la toalla.

Así que, amiga mía, no te bajes del cuadrilátero hasta que tengas el premio en tus manos. Continúa peleando en oración, no te rindas, no te detengas, mantén la fe; persiste, confía y ora como oró Ana. Solo Dios puede hacer realidad todo lo que esperas, siempre que esté bajo Su voluntad, porque Dios es soberano. Nunca dudes de Su Soberanía, porque no imaginas cuánto podría hacer Dios con un simple acto de obediencia.

~~~~~

Cuando orar duele

Hay momentos en que la presión de alguna situación o el dolor es tan grande que se siente como si el alma se rompiera en pedazos. Ahí comenzamos a orar con más intensidad y hasta gritamos a puerta cerrada para poder calmar esa angustia profunda. ¿Te ha pasado que oras sintiendo que no puedes más? A mí me ha pasado y puedo entenderte.

He vivido momentos de angustia en los que he sabido muy adentro de mí, que solo Él podía ayudarme y que saldría a socorrerme. El salmista describe muy bien uno de esos momentos:

«Me he consumido a fuerza de mi gemir; Todas las noches inundo de llanto mi lecho, Riego mi cama con mis lágrimas». (Salmos 6:6)

Dios no es ajeno a esas noches en donde lloramos hasta quedarnos dormidas, Él escucha el clamor que nadie más conoce y recoge nuestras lágrimas porque tiene compasión de nosotras. Ese mar de lágrimas muy pronto ha de secarse y llegará la alegría, si permanecemos pegadas a Su Presencia.

«Pero tú cuando te pongas a orar, entra en tu cuarto, cierra la puerta y ora a tu Padre, que está en lo secreto, así tu Padre que ve lo que se hace en secreto, te recompensará». (Mateo 6:6, NVI)

Quiero animarte a que, a pesar del dolor, no te separes de la fuente de vida que es Jesús. Ora en lo secreto, habla con tu Padre porque Él te conoce mejor que nadie. Él te escucha y quiere darte paz, para que cambies tus gemidos de tristeza por gritos de alegría.

«El que con lágrimas anda, llevando la semilla de la siembra, en verdad volverá con gritos de alegría, trayendo sus gavillas». (Salmo 126:6, LBLA)

¡Sí! ¡Volverás con gritos de alegría! ¡Créelo! Así como quizás hizo Ana cuando pudo mirar a Elcana y gritando le dijo: «¡Por fin Dios escuchó mis ruegos! ¡Voy a ser madre!». Después de la tristeza llegará la alegría y muy pronto de tu oscuridad saldrá la luz.

«Bienaventurados los que lloran, porque ellos recibirán consolación». (Mateo 5:4)

~~~~~~~~~

Cambia tu historia en oración

Cuando una mujer toma la decisión de cambiar su historia y busca su propósito, marcará la diferencia en un mundo que solo procura que le sirvan y no servir a los demás. Hay bendiciones que serán para ti para que puedas bendecir a otros. Por eso, trabaja por tu más profundo sueño, por la respuesta de peticiones aún no contestadas, por ese milagro que estás esperando para tu familia, amigos o compañeros, siempre conectada a Dios.

¿Qué es eso que deseas con toda tu alma y corazón? ¿Cuál es tu propósito en la tierra? Esas ideas que llegan a tu mente, esa pasión por realizar algo que está dentro de ti, ha sido puesto por Dios para que tú le des forma. Hay una voz interior que te dice: «Hay algo que es más fuerte que yo. Voy a hacer algo grande en esta generación y mi Señor me dará la gallardía para hacerlo». ¡Sigue esa voz! Esa que solo tú puedes escuchar, porque Dios te habla a ti directamente. Esa que te dice que Él quiere hacer cosas que van más allá de tu limitado pensamiento. Tienes dentro de ti el máximo potencial para lograr todo lo que tu Padre ha dicho. No lo limites. No permitas que nada apague tu luz interior.

Procura brillar en todo tiempo, siempre confiando en Dios, en oración y ruego, como lo hizo Ana quien le dio un giro a su historia por creerle a Dios. El poder de esa oración llena de fe y el cumplimiento de la promesa hecha al Señor, no solo hizo que ella fuera bendecida, sino que el fruto de su vientre llevó bendición a su pueblo.

Tus sueños pueden cambiar la historia cuando entiendes el poder de la oración. Déjalos en las manos de Dios y ahí encontrarás la respuesta.

Muchas veces la vida trae consigo retos que no alcanzamos a entender: cambios dolorosos, situaciones inesperadas y «esperas que desesperan», pero pasado el tiempo de preguntas, espera y lágrimas, Dios cambia la historia y nos permite ver las bendiciones que tanto nos han costado obtener. Luego de la neblina en el camino verás con más claridad. No permitas que la angustia, tristeza o desilusión te opaque la razón porque pronto verás la luz y la claridad del día. No permitas que las personas a tu alrededor te impidan crecer, levantarte y creer en ti misma.

Eleanor Roosevelt decía: «*La mujer es como una bolsita de té, nunca se sabe lo fuerte que es hasta que la meten en agua caliente*». No sabemos lo resistentes que podemos ser, hasta que estamos en medio del desierto, bajo mucha presión y soledad. Es allí, en ese proceso, cuando nos hacemos imparables ante la adversidad. ¿Sabes por qué? Porque cuando oras a Dios, aunque estés en el desierto, Él pondrá el viento a tu favor.

Sé que hay momentos en los que se acaban las fuerzas para seguir y solo podemos orar esperando un cambio, porque creemos que nada sucede en nuestras vidas. Pero una oración genuina puede hacer la diferencia, incluso cuando no hay palabras, sino llanto. En la oración puedes soltar toda opresión, angustia o tristeza y allí sentir libertad en el corazón. Hablar con Dios traerá paz, aliento y podrás ver su mano obrar. A veces, cuanto más tensión tenemos, con más ímpetu oramos y es cuando más profunda puede ser nuestra oración al Padre celestial.

No importa lo larga que sea tu oración, lo importante es que la hagas desde lo más profundo de tu corazón. Ese momento se convierte en un diálogo con tu Padre, en el que antes de que puedas hablar ya él sabe todo sobre ti. Amiga, no estás sola, el Señor cuida de ti.

Recuerda que en ocasiones Dios nos saca de la comodidad para que podamos empezar a florecer, sin olvidar que su mano nos sostiene. Hay un tiempo programado en el cielo para cumplir su propósito en tu vida. Detrás de esa situación hay un regalo, aunque ahora no lo entiendas. En cada dolor y sufrimiento hay escondidas enseñanzas. Él te escucha y tiene misericordia de ti, pero hay situaciones por las que te permite pasar para enseñarte a depender totalmente de Él y para darte todas las instrucciones que encontrarás solamente pasando tiempo en oración.

Llegará consuelo a tu vida. Así como a una mujer desesperada que oró por recibir el regalo de un hijo y fue escuchada; así como a una madre que en su cuarto a solas oraba por su hija enferma y la niña fue sanada, el Padre celestial también te responderá a ti. Si permaneces conectada y dirigida por el Señor, lograrás mucho más de lo que nunca has podido imaginar. Por eso, florece en medio del dolor.

Mujer generosa y valiente

~~~~~

La historia de la sunamita

«Y él le dijo: El año que viene, por este tiempo, abrazarás un hijo. Y ella dijo: No, señor mío, varón de Dios, no hagas burla de tu sierva». (2 Reyes 4:16)

Eliseo era un profeta de Dios que predicaba alrededor del Monte Carmelo, al borde occidental de la planicie de Jezreel, un área de Israel cerca de donde nació Jesús, en Nazaret. Mientras ministraba por diferentes regiones cercanas, debía pasar por Sunem que era un pueblo pequeño situado en una sección muy rica de Palestina, cerca del norte de Jezreel al pie del «pequeño Hermón»(13).

En ese transitar por Sunem, una mujer de la población reconoce que Eliseo es un hombre de Dios y después de invitarle a comer en varias ocasiones, junto a su criado, pide a su esposo que preparen un aposento para ellos, ya que era la forma de ayudarle a descansar tras las largas jornadas de viaje por la región (14). Y es de esta mujer, de la que no sabemos el nombre porque la Biblia solo se refiere a ella como «la sunamita», de quien te quiero hablar en este capítulo.

Leyendo su historia podemos ver que la sunamita era una mujer importante, de un estatus social alto, que no necesitaba nada, materialmente hablando, ya que tenía todo lo necesario en su hogar. También podríamos decir que era muy generosa, porque al ver la necesidad del profeta decidió ayudarle. Desde su casa fue de bendición, dando muestras de su generosidad y amabilidad.

Aquí está la primera enseñanza de este capítulo, que quiero dejar en tu corazón: Si Dios te está inquietando para ayudar al prójimo, no pongas excusas, porque desde el sitio donde vives puedes hacer mucho para bendecir a otros. Ponte a pensar lo creativa que eres en tu hogar, cuando con muy pocas cosas a tu alcance y a veces, con muy pocos recursos, haces maravillas. Usa esa creatividad para cambiar todo lo que llega a tus manos, incluso transformar vidas, de una manera inigualable.

Te invito a que puedas hacer la diferencia en las vidas de quienes están a tu alrededor desde tu casa, en tu negocio, con tus talentos, con tu compañía, en tu lugar de estudio o trabajo; puedes hacerlo sirviendo en un ministerio en la iglesia, o tal vez, en una entidad de acción social. Sin olvidar que todo lo que hagas sea con toda la sabiduría y el orden necesario para ello.

Aquí quiero hacer un pequeño paréntesis para hablarte a ti, si eres una mujer casada: antes de tomar cualquier decisión, sé sabia y consulta con tu esposo. En el caso de la sunamita, su apoyo al profeta no fue algo que decidió a su manera y sin planificación, sino que fue organizado junto con su marido. Piensa por un momento, ¿estás así de conectada con tu cónyuge, para poder tomar decisiones juntos? Esto no se trata de derechos ni de no tener un lugar como mujer, sino del orden de Dios en el hogar y la importancia de trabajar en equipo y dialogar, ayudándose teniendo a Dios en el centro.

En un mundo en donde reina el egoísmo y la búsqueda de la propia comodidad sin importar la necesidad de otros, es tiempo de demostrar generosidad. Solo pregúntate: ¿cómo puedo bendecir a otros? Si estás en una posición en la que no te falta nada, agradece compartiendo con los demás; pero si sientes que lo que tienes es poco, recuerda que lo importante es la pequeña semilla que puedes sembrar. Siempre hay algo por hacer para ayudar, únicamente permanece atenta para ver y aprovechar la oportunidad.

«No te niegues a hacer el bien a quien es debido, cuando tuvieres el poder para hacerlo». (Proverbios 3:27)

La sunamita vio la necesidad del profeta y no se quedó con los brazos cruzados, sino que aprovechó la oportunidad para ayudarlo ofreciendo lo mejor que tenía. Su alegría era bendecir a Eliseo y agradar a Dios, sin imaginar que eso sería el comienzo de una gran bendición para su familia. Esto sucede porque cuando hacemos las cosas sin ningún interés y somos genuinas en lo que hacemos para otros, el Señor lo ve.

Ama a Dios con toda tu alma y toda tu mente y Él te suplirá, se encargará de ti y te sustentará por siempre. Abandónate en los brazos de tu Creador para que con Él puedas alcanzar lo inalcanzable. Si puedes, siempre que puedas, con lo que tengas, ¡bendice! Haz como Jesús, que ayudaba al necesitado, incluso a aquellos que solo lo buscaban por lo que podía darles. Hagámoslo sin interés porque Él dio su vida por ti y por mí, sin merecerlo ni pedir nada a cambio. Que tu pasión y amor por los demás y por lo que haces sea para parecerte más a Jesús. A veces no es fácil, pero cuando ayudamos al necesitado, tenemos empatía con los demás y buscamos al Señor primero, seremos bendecidos para bendecir a otros.

«Buscad el reino de Dios y su justicia y todas las cosas serán añadidas». (Mateo 6:33, RVR1960)

Todas las cosas se refiere a cada una de nuestras necesidades, a todo aquello que nos hace falta y que el mismo Dios se encarga de suplir, de cualquier forma posible.

Para Eliseo, la sunamita fue el instrumento que el Señor usó para sustentarlo. Él era un profeta enviado por Dios para llevar su Palabra, que obedientemente visitaba diferentes lugares, sin importar las distancias o el cansancio. Dios vio su disposición para servir y se preocupó por bendecir su camino y proveer todo lo que necesitaba.

Así que, si te encuentras en un momento en el que el Señor ha depositado una semilla en tu corazón, pero sientes que hay cosas que faltan en el camino, quiero que recuerdes que si Dios te llamó, Él se encargará de poner todo lo que necesites a tu disposición. Si Dios llama, Él abre las puertas y conecta con otros para bendecir y ser bendición, hasta que esas semillas crezcan y den frutos.

~~~~~~~

La bendición que compensa

Agradecido por las atenciones que la sunamita les brindaba, Eliseo le pide a Giezi, su criado, que averigüe si ella necesitaba algo con lo que pudieran compensar sus cuidados, pero la respuesta fue negativa, ya que su esposo le proveía todo lo material que ella necesitaba. Sin embargo, el criado le comenta a Eliseo que observó que ella y su marido no tenían hijos y que creía que a estas alturas no sucedería, porque el hombre ya era de edad avanzada (15).

Entonces Elías manda a llamar a la sunamita y le profetiza que al año siguiente tendría en sus manos un hijo, a lo que ella responde incrédula dada la edad de su marido. Pero, ¿habrá algo imposible para Dios? ¡Nada! Por tanto, la profecía se cumplió y aquella mujer recibe el inesperado regalo de un hijo. No sabemos cuántos años pudo haber pasado llorando en silencio por su deseo frustrado de ser madre, quizás ya sus lágrimas se habían secado tras la idea de un anhelo imposible al que tenía que morir. Sin embargo, cuando menos lo esperaba, llegó la alegría a su hogar como compensación de ese acto de bondad desinteresada.

Dios bendice de una manera inimaginable a quienes son capaces de ayudar a otros sin ningún interés.

¿Alguna vez has sentido la necesidad de ayudar a alguien que tal vez ni conoces y no sabes por qué? Solo sientes una voz interior que te dice: «ayúdalo, provéele». Esto no es casualidad, Dios puede hablar a nuestro corazón para bendecir a otros. A mí me ha pasado y ha sido sorprendente cuando, al hacerlo, recibo como respuesta: «¡Gracias! Estaba orando y Dios me escuchó».

Esa voz en tu interior no eres tú, es Dios a través de ti, por medio del Espíritu Santo que habla y no te deja en paz hasta que te atrevas a dar el paso. Muchas personas pueden ser bendecidas si hoy activas esa voz dentro de ti que te guía a ser un canal de bendición, el puente para llevar a otros al éxito, sin importar si te agradecen o no. Sea por ellos mismos o de alguna otra forma, Dios siempre compensa al alma generosa.

Mi esposo es una muestra viva de la generosidad. Él siempre ayuda a otros sin esperar nada a cambio. Tengo que confesar que más de una vez tuve que pedir perdón al Señor, porque me parecía una locura que fuera tan generoso o porque consideraba que algunas personas «no eran merecedoras» de tanta amabilidad.

Sin embargo, la misericordia del Señor me permitió aprender y entender que debemos ayudar y bendecir, confiando y esperando la bendición de Jehová a nuestras vidas y no la respuesta de la gente. Así que, con ese pensamiento, mi esposo siempre estuvo ayudando y bendiciendo a otros, con sabiduría y con lo que estaba a nuestro alcance, sin esperar retribución.

Pero Dios, que no es injusto para olvidar la obra de amor que hacemos por los demás, permitió que en un momento de nuestras vidas, en el que como familia pasamos por un desierto, pudiéramos ver su mano obrando a través de todas esas personas en quienes habíamos sembrado. Ellos fueron quienes el Señor utilizó para cuidarnos en nuestro proceso de traslado de Puerto Rico a San Angelo y puedo decir que, en medio de esos tiempos de cambio, ¡no nos faltó nada!

Cuando bendices sin interés, Dios se encarga de lo demás. Él sabe lo que te hace falta y lo provee. En el cielo hay un tiempo marcado para que veas de regreso toda esa bendición. Mi familia y yo damos testimonio de ello porque vimos la mano de Dios en nuestro hogar. El Señor se encargó de proveernos con el doble de lo que en algún momento habíamos dado. Él nunca nos soltó y fuimos bendecidos sin pedirlo.

Cuando aprendemos a esperar en Dios y no en el hombre, podemos sembrar sin temor ni interés, porque entendemos que no son ellos, sino que es Dios el que bendice.

«La bendición de Jehová es la que enriquece, y no añade tristeza con ella». (Proverbios 10:22, RVR1960)

Sé un instrumento de bendición, sé parte de lo que Dios está haciendo y ha creado para ti. Como bendijo a la sunamita, una mujer de fe que no dejó de creer en Dios y fue galardonada por su esmero, te bendecirá a ti también Dios conoce los corazones y recompensa a los que bendicen a sus profetas y siervos con un corazón humilde y sincero.

«Y cualquiera que dé a uno de estos pequeñitos un vaso de agua fría solamente, por cuanto es discípulo de cierto os digo que no perderá su recompensa». (Mateo 10:42)

Ahora bien, aunque sepas que ser de bendición a otros traerá recompensa, no hagas nada con la intención de recibir algo a cambio, ya que muchas veces vas a sembrar y no recibirás la cosecha en el mismo sitio en que sembraste, sino en un terreno diferente.

En momentos así, es la pura obediencia la que hará total diferencia. En otras palabras, tú solo siembra sin importar el terreno y procura hacer lo que Dios te ha enviado a hacer, en el tiempo y lugar en donde Él te ha sembrado para que florezcas. No es entender, si no obedecer lo que traerá tu milagro.

Dios lo sabe

El Señor conoce cada necesidad; la tuya y la de los otros. Por eso, cuando ayudas a los demás, te conviertes en un enlace de bendición, un eslabón de la cadena. Bendices y eres bendecida. Sin haberlo pedido, la sunamita recibió el mejor regalo: ser madre. Hay cosas que no le pedimos a Dios, pero Él, en su misericordia, nos regala, simplemente porque ¡Él lo sabe!

«Ante ti, Señor, están todos mis deseos; no te son un secreto mis anhelos». (Salmos 38:9, NVI)

Toma un momento y piensa: ¿Qué cosas han sido un regalo que Dios ha enviado a tu vida, sin pedirlo? Puede ser la familia que hoy tienes, la salud, un trabajo, un sueño cumplido... tantas cosas que muchas veces ni siquiera agradecemos. En ocasiones no valoramos lo que tenemos por estar deseando lo que otros tienen; no miramos lo que ya nos ha sido dado, que es mucho más que lo que teníamos ayer.

Agradece todo lo que Dios te ha permitido tener. ¡Da gracias por todo! Así como suplió la necesidad que tenía Eliseo de un lugar para descansar y concedió el deseo de la sunamita de ser madre, así sucederá contigo. Él proveerá lo que necesitas en medio de tu desierto, ¡confía!

Ahora, cuando te llegue el cumplimiento o la provisión, no dudes ni lo rechaces, porque llegará en el momento menos esperado. A la sunamita le vino tan sorpresivamente la bendición, que su primera reacción al enterarse fue pedir que no se burlaran de ella.

A veces estamos tan acostumbrados al desierto que vivimos cuando falta algo en nuestras vidas, ministerios, trabajos o sueños, que no creemos que Dios puede hacer las cosas como Él quiera y cuando quiera. Cuando Dios dé la orden en el cielo y llegue el momento de recibir tu bendición, nada ni nadie lo podrá impedir. No importa cómo ni cuándo, ¡Él lo hará!

~~~~~

El niño duerme igual que nuestros sueños

Apreciamos las bendiciones que llegan de sorpresa porque Dios nos las ha dado, pero cuando lo insospechado sucede, ¿cómo reaccionamos? ¿Qué hacer? ¿A dónde ir?

«¿Pedí hijo yo a mi señor?
¿No dije yo que no te burlaras de mí?» (2 Reyes 4:28)

Había pasado el tiempo y el niño, el regalo inesperado, creció. Un día, mientras acompañaba a su padre a la siega, el muchacho enfermó. El dolor de cabeza era tan fuerte, que el esposo de la sunamita lo manda a llevar con su madre para que ella lo ayude. Sin embargo, a pesar de sus cuidados, el niño muere en el regazo de su madre. Llena de dolor, pero también de fe, la sunamita va en busca del profeta para que ore por su hijo y se encuentra en el camino con Giezi, el criado. Él intenta ayudarla, pero ella solo desea hablar con el profeta (16).

La sunamita había recibido su bendición y la había perdido. ¡Qué tristeza! No quiero ni imaginar un momento así en la vida de nadie. No obstante, ella mostró sabiduría, fe y templanza y caminó en medio del desierto de su existencia, rumbo a la fuente de vida. Caminó en fe, seguramente con mil cosas en su mente, pero sin perder la esperanza de un nuevo comienzo. Fue una mujer con determinación, fuerte y valiente… como tú y yo. No se detuvo ante la adversidad presente.

¿Qué hacer con lo inesperado en nuestras vidas, cuando lo que más hemos anhelado se va de nuestras manos y no lo podemos evitar? Se pierde la esperanza en todo lo que nos rodea y se esfuma esa convicción de lo que no se ve. Son momentos en los que solo queremos morir en el desierto y nunca regresar. Quizás has tenido una pérdida, estás pasando por un duelo, tus sueños no despiertan, los que amas te traicionan, tu familia te desanima, o tus hijos están fuera de control; tal vez quieres otra oportunidad, pero no sabes cómo comenzar. Pero en cada uno de esos procesos de desierto, ¿sabes qué te fortalecerá? Nunca perder la fe y la conexión con tu Creador. Mantener esa semilla de esperanza dentro de ti, traerá consuelo en medio de tu proceso.

Mujer, a ti que estás viviendo un desierto en donde todavía no puedes ver tu primavera, ni flores hermosas y radiantes, sino únicamente sequedad y oscuridad, hoy te recuerdo que hay vida para ti en medio de tu situación. Así como la sunamita que pudo sentir el dolor inexplicable en su vida, pero recurrió al mismo que le dio su bendición, si tienes en tus manos sueños, ministerios, familia o emociones «muertas», aprende a reconocer que no todos estarán capacitados para ayudar. Busca las personas correctas, conectadas con nuestro Creador, que sean de ayuda no solo para los problemas específicos o para confiar en ellos tu vida privada, sino para ayudarte a crecer en Dios.

Despierta a la vida

Eliseo oró a Jehová y el niño volvió a vivir. Un nuevo milagro ocurrió en la vida de esta mujer (17). Hay momentos en los que solamente la ayuda de Dios puede cambiar nuestro destino y calmar nuestro dolor. Podemos llegar a sentir que lo que deseamos, esos sueños o anhelos profundos que únicamente Dios conoce, están «muertos en nuestro regazo», así como la sunamita vio a su hijo.

Si sientes tu esperanza perdida, no ves luz en el camino y no quieres seguir adelante, solamente cree en lo que Dios tiene para ti, aunque parezca que está «muerto». La sunamita no se detuvo, le creyó al Padre y vio el milagro; por eso, aunque pienses que no lo lograrás, tienes que llenarte de osadía para conquistar. Dios hará en ti como hizo con ella: sopló vida en su hijo y lo muerto resucitó. Si permites que el Señor entre hoy a tu vida, lo dormido despertará y lo que esté seco reverdecerá. Él es el Dios de lo imposible. Solo debes tomar la decisión de buscarlo a Él y lo que está muerto, regresará a la vida. Conéctate con tu Creador, Él es el único que puede resucitar tus sueños.

Nuestros más profundos deseos pueden estar muertos en nuestro regazo, pero hay un Dios que puede revivirlos. ¿Lo crees?

¿Hay algo que necesita revivir en ti? ¡Despierta! Tu propósito necesita activarse, esta generación espera por ti y por lo que Dios te ha dado. No podemos esperar por otros para lograr que nuestras semillas de bondad crezcan, sino empezar nosotras a dar pasos para resistir los días difíciles. En las temporadas de sequedad e invierno en las que se secan las hojas y las flores se marchitan, solo las resistentes siguen soportando y esperando la primavera para pronto florecer en el desierto. Florece desde donde te encuentres hoy, ya que Dios mismo será el encargado de bendecirte, guiarte y darte la gallardía para continuar, a pesar de los obstáculos en el camino.

Déjalo ir, pero mantén tu fe

Amiga, no puedo negarte que no siempre el milagro será el que esperas. En el caso de la sunamita, su niño murió, pero Dios le dio la oportunidad de que regresara a sus brazos. Es emocionante, pero no siempre es así. En ocasiones, Dios, en su soberanía, decide que aquello ya no regresará, que se ha terminado el tiempo contigo en ese viaje. No es fácil cuando el Señor cambia el panorama de formas inesperadas, pero hay momentos en los que solamente hay que soltar y dejar ir. No podemos eludir los desafíos, pero sí podemos fortalecernos en medio de ellos.

Tal vez no entiendas en el momento, pero en el camino Dios te irá mostrando por qué es mejor lo que Él decide que lo que tú piensas. Solo sé una mujer de fe, aunque no lo veas ni lo entiendas, alza tu voz al Padre y como diría yo, dile: «¡Qué revolú, Señor, ayúdame!»

Recuerda que tu motivación debería ser seguir a Cristo y parecerte cada día más a Él, amar y abrazar lo que te da sin perder el norte de que debemos amarlo más a Él que a las cosas que te pueda dar. Reconoce que tienes limitaciones, pero que Dios te dará la resistencia y la fuerza necesaria para soportar hasta que al desierto llegue la primavera. Es momento de verte como la sunamita: desinteresada, bendecida, fuerte en medio de la pérdida y valiente hasta que Dios le dio otra oportunidad.

Jesús quiere obrar en ti, soplar vida, amor y abundancia. En medio de tu prueba, fortalece tu fe en Dios y no en lo que te pueda dar. ¡Resiste! ¡No te detengas! Cree, confía, que el miedo no te paralice. No pierdas la oportunidad de llevar esperanza a un mundo que piensa que todo está perdido. Demuéstrales que Dios, a través de ti, mostrará al mundo su poder ilimitado, que puede hacer que en el desierto, se pueda florecer.

Transformada

<hr>

La historia de Rahab

«Josué, hijo de Nun, envió desde Sitim dos espías secretamente diciéndoles: Andad, reconoced la tierra y a Jericó. Y ellos fueron, y encontraron en esa casa una ramera que se llamaba Rahab, y posaron allí». (Josué 2:1)

Antes de presentarte a Rahab quiero contarte cómo comienza la historia de una mujer escogida para hacer algo increíble: la conquista de la gran ciudad de Jericó.

Josué, hijo de Nun, era el sucesor de Moisés, quien fuera el líder del pueblo de Israel hasta su fallecimiento. Después de la muerte de Moisés, Dios le habló a Josué y le dio la instrucción que cruzara el río Jordán, con todos los hijos de Israel, y conquistaran la tierra prometida, que estaba al otro lado. Junto con la indicación también llegó una promesa:

«Yo os he entregado, como le había dicho a Moisés, todo lugar que pisare la planta de vuestro pie». (Josué 1:3)

Este fue el comienzo. Dios le prometió a Josué que todo lo que pisara la planta de sus pies sería de ellos; una promesa sujeta a la condición de que siempre obedeciera a Dios en sus mandamientos y nunca se apartara del Libro de la Ley. Si hacía esto, le entregaría la tierra que les daría en posesión y nadie les podría hacer frente en todos los días de su vida; además, contaría con su respaldo, así como estuvo con Moisés y no lo dejaría ni lo desampararía. Solo tendría que esforzarse y ser valiente (18).

Dios es un Dios de promesas y siempre bendice a los hijos que estén en obediencia y siguen sus mandamientos.

Ahora bien, una de las tierras a conquistar era Jericó. Esta ciudad situada en la actual Cisjordania, cerca del río Jordán, en Palestina (19) estaba rodeada por un impresionante muro, que según los arqueólogos e historiadores que confirman el relato bíblico, tenía unos dieciséis pies de alto y diez de ancho. Para levantarlo fueron necesarias unas diez mil toneladas de materiales de construcción y además, delante del muro había un foso de casi treinta pies de anchura. En adición, como si todo esto no fuera suficiente, sus habitantes también construyeron una sólida torre de piedra, justo por dentro del muro, que tenía unos treinta y seis pies de altura y una anchura de casi diez pies en la base (20). Y dice que «*estaba bien cerrado, bien cerrado a causa de los hijos de Israel; nadie entraba ni salía*». (Josué 6:1)

La dificultad para conquistarla era evidente, así que se necesitaban estrategias sabias y muy bien organizadas. Por eso, Dios le dio unas instrucciones específicas a Josué, siendo la primera de ellas que debía enviar a dos espías para que reconocieran la tierra. Así que, siguiendo las indicaciones divinas, así lo hizo y los espías fueron enviados.

Una vez allí, necesitaban a alguien local que los ayudara a entrar sin que nadie se diera cuenta de quiénes eran y lo que hacían ahí. Así que llegan a la casa de una mujer llamada Rahab, que vivía en el muro de Jericó y que la Biblia menciona como ramera.

Una ramera es una mujer que vendía su cuerpo por tener intimidad con muchos caballeros; por tanto, era alguien juzgada y criticada por la sociedad de Jericó, y para el pueblo, una persona de muy poco valor. Pero ella tenía un propósito que ya Dios había planeado de antemano. Él es estratégico y la vida de Rahab estaba dentro del plan que ya había trazado para ellos y la gran conquista.

En esta historia conoceremos a una mujer con propósito que, en medio del desierto de la crítica, el desprecio y el peligro, floreció.

Dios irá contigo

Hablar de conquista de por sí se refiere a algo muy difícil de obtener. En este caso, Dios estaba enviando a Josué con una orden y una promesa: la orden de la conquista de Jericó y la promesa de que su presencia los acompañaría en todo momento.

El Dios poderoso, inmutable y soberano, tenía un plan perfecto y en ese plan se encontraban dos espías que llegaban a un lugar desconocido, arriesgando sus vidas, enfrentando retos y peligros y que además necesitaban un lugar en donde sus vidas estuviesen a salvo. La promesa de protección, respaldo y cuidado también era para ellos.

Esto se asemeja mucho a aquellos momentos en los que Dios nos envía a hacer algo que es imposible para nosotros como humanos, pero que Él nos dice: «Ve, yo estoy contigo». ¿Sabes? Cuando el Señor nos envía para que hagamos algo así, también se encarga de poner en el camino todo lo que necesitamos. En el obrar para sus planes y propósitos, ve más allá de lo que nosotros como humanos podemos ver. Nuestra visión es limitada; la suya no.

Dios decidió que Rahab, una mujer hasta entonces pagana e idólatra, despreciada y sin valor para la sociedad, fuera la persona que ocultara a los espías para que no los encontrara la guardia de Jericó. Esa mujer, llena de fe, creyó en el poder del Dios de Israel; el que hizo secar el

Mar Rojo y venció y destruyó reyes. Ella estaba convencida de que el Señor les daría la victoria. Así que protegió a los espías a cambio de la promesa de que, cuando conquistaran la tierra, cuidaran de que ni a ella ni a su familia les pasara nada y que les permitiera unirse al pueblo de Israel. Los espías aceptaron el pacto y regresaron para entregar el informe a Josué. (21)

<hr/>

Dios cambia nuestros destinos

Rahab había sido tocada por el Dios del que había escuchado que era poderoso, y fue guiada por ese mismo Dios para un propósito, sin importar quién era en su presente. Fue alguien que no solo cambió su historia, sino también la de su familia y la de todo un pueblo. Su acto de valor la transformó en otra mujer, por encima de lo que pensaban aquellos que la despreciaron y que nunca imaginaron que hubiera un plan para ella.

El Señor tiene un propósito especial contigo, sin importar tu pasado o cuánto pecado pudieras haber cometido en el transcurso de tu vida. Rahab, la ramera, había escuchado del poder del Dios de Israel (22) no sabemos si tal vez su corazón anhelaba conocer a ese Dios tan maravilloso; pero lo cierto es que Él le dio esa oportunidad, a través de la visita de unos espías que una noche llegaron a su casa. Ese encuentro transformó su vida para siempre. El Dios que hace cosas inesperadas, con personas que muchas veces la gente desprecia, menosprecia y juzga por su vida pasada o presente, es el mismo que quiere actuar en ti, sin importar cuán doloroso, triste o turbio haya sido tu pasado.

Aunque muchos, incluso tú misma, te descalifiquen o te condenen, Él te da una nueva oportunidad. Eres una mujer a quien el Señor quiere bendecir y utilizar para cosas grandes. Quiero recordarte que Dios te perdona, te transforma y te ama; Él te diseñó de forma única para que en su nombre puedas transformar a esta generación. Rahab tenía un propósito: cuidar a los espías para que inspeccionaran la tierra de Jericó y después conquistar la tierra. Pero Dios vio más allá, Él miró su corazón y tuvo misericordia de ella, así como tiene misericordia de ti.

Un pasado triste y negativo no elimina la oportunidad de un futuro feliz y positivo para tu vida. ¡Hay esperanza para ti!

No importa lo que otros puedan decir, Dios usa a quien quiere para sus planes en esta tierra; solo necesita un corazón dispuesto a ser moldeado y usado para manifestar su gloria. ¿No te sorprende cómo el Señor pudo transformar a una mujer a quien nadie le podía dar una oportunidad? ¡Definitivamente, es un Dios que nos sorprende! Solamente Él lo puede hacer.

Por eso te animo a mirarte como Dios te ve porque dentro de ti hay una perla de gran valor. Haz de tu pasado el testimonio transformador que mañana pueda impulsar a otra mujer que ha perdido la esperanza; que con tu vida puedas decir que hay otra oportunidad para empezar una nueva historia. Tenemos un Dios que convierte en algo hermoso lo que otros desechan. Solo en Sus manos una vida puede ser transformada y tornarse en bendición para otros; solo allí puedes lograr ser la mejor versión de ti. Eres como el barro en las manos del alfarero.

«Y la vasija de barro que él hacía se echó a perder en su mano; y volvió y la hizo otra vasija, según le pareció mejor hacerla». (Jeremías 18:4)

El gran Alfarero, nuestro Creador, sabe todo de ti y aun así te ama. Él se encarga de darte forma, y cuando te rompes por los golpes de la vida, con sus manos te vuelve a formar y te da otra oportunidad. Dios es experto en reciclar y hacer de lo que el mundo desprecia, vasijas nuevas y restauradas para cumplir un propósito. Por eso, nada podrá detener lo que Él ha determinado para tu vida. Así como dirigió a Rahab, lo hará contigo no importando el pasado.

El Padre nos invita a ser parte de Su propósito sin tener en cuenta quienes somos. Para Él no es importante si otras personas no nos valoran o no nos creen capaces de lograr cosas grandes, porque Él mira mucho más allá. Si aceptas su invitación, podrás ser como Rahab que cambió la historia, fue transformada y ayudó a cumplir el propósito de Dios con la conquista de Jericó.

Y no solo eso, por ayudar y bendecir a los espías, el Señor la bendijo. Ella cumplió su propósito y su pasado no determinó su futuro.

«Más Josué salvó la vida a Rahab, a su padre, a su madre, a sus hermanos y todo lo que era suyo; también sacaron toda su parentela y los pusieron fuera del pueblo de Israel».
(Josué 6:25)

No hay nada que tú hagas por Dios y para Dios bendiciendo a otros, que Él no lo compense el doble.

No puedes cambiar tu pasado, pero sí tu futuro, ¿sabes cómo? No permitiendo que lo que digan de ti afecte tu vida. Así lo hizo Rahab, una mujer sensible que amaba a su familia y cuyo corazón fue tocado por el Dios de Israel. Aquella mujer despreciada por muchos, se convirtió en una mujer bendecida y amada en Cristo, con un lugar relevante en la historia, ya que en el Nuevo Testamento es alabada por su fe (Hebreos 11:31) y por sus obras (Santiago 2:25).

Además, en Mateo 1:5 podemos ver que su nombre está incluido en la genealogía de Jesucristo (23) ¡Aleluya! Así es mi Padre restaurador, que perdona pecados, ama, transforma y pone en lugares altos a quienes se dejan usar por Él. Hoy tienes una nueva oportunidad, pero no vuelvas atrás a lo que no le agrada a Dios.

Él te ha transformado a una nueva vida en Cristo que te lleva a florecer en el desierto. Muchas pueden ser las heridas en tu pasado, hay cosas que no podrás borrar de tu vida; pero Dios puede hacer de esas heridas, cicatrices, para que cuando las traigas a memoria u otros te las mencionen, sea solo un recuerdo y una lección.

Así como la oruga que se transforma en mariposa, prepárate para vivir una metamorfosis que te llevará a volar sin que nada te detenga. Amiga, muchos pueden juzgar tu pasado, pensar y hacerte creer que no sirves para nada por quien eras, pero eso no es real. Jesús no te juzga sino que te ama y perdona. Así como la semilla debe morir para luego germinar, crecer y luego dar frutos; de la misma forma debes hacer con tu pasado: dejarlo morir y permitirte ser procesada por Dios para crecer y luego ver los frutos en tu vida.

«Si confesamos nuestros pecados, Él es fiel y justo para perdonar nuestros pecados, y limpiarnos de toda maldad».
(1 Juan 1:9)

Rahab, una mujer valiente llena de amor a su familia y con un corazón tocado por un Dios del que solo había escuchado, pero que anhelaba conocer y lo encontró. Por tener un corazón contrito y humillado pasó de ser una mujer despreciada a una que cumplió su propósito, salvó su vida y la de su familia, y se convirtió en una heroína de la fe.

Deja que Dios te dirija en el desierto. Él quiere transformar tu vida, te puede hacer florecer. Ven tal como eres a los pies del Señor. No importa tu pasado, Él utiliza a las personas más inesperadas e inadecuadas para el mundo, para bendecir y transformar en el nombre de Jesús.

Menospreciada, pero bendecida

La historia de Lea

«Y vio Jehová que Lea era menospreciada y le dio hijos;
Pero Raquel era estéril» (Génesis 29:31)

La historia de Lea es impresionante y, de alguna manera, nos podríamos sentir identificadas con ella. La Biblia la presenta como una mujer que posiblemente se sentía menospreciada y que no percibía valor en su vida. ¡Qué dolor para ella! Pero, ¿te has sentido así alguna vez? ¿Has pensado que quienes están a tu alrededor solo te desprecian o te hacen sentir que tu vida no es importante? ¿Luchas con tu autoestima y con la comparación?

Lea tenía una hermana que, según entendemos en la historia bíblica, era más hermosa que ella. Por tal razón, aunque era la mayor, su vida amorosa no fue la mejor y vivió un doloroso episodio de rechazo. Caminemos juntas este viaje por la vida de mi amiga Lea, que puedes leer en Génesis, capítulo 29.

La historia cuenta de un hombre llamado Jacob se encontraba cerca de un pozo, en una tierra que no era la suya, hablando con unos amigos y preguntándoles por su tío, a quien había ido a buscar. Mientras eso sucedía, una hermosa mujer se acercó para dar de beber al rebaño que pastoreaba. Su nombre era Raquel y en cuanto Jacob la vio quedó deslumbrado. En este caso, fue amor a primera vista.

Capturado por su belleza, el joven enamorado se acerca a ella y... ¡Mira qué pequeño es el mundo! Labán, el padre de Raquel era su tío, a quien él estaba buscando. Así que, ella lo invita a su casa en donde es recibido con mucha alegría no solo por su padre, sino también por su hermana mayor, Lea, a quien la Biblia describe como una chica de ojos delicados.

Después de ese emotivo encuentro, Jacob decide quedarse a trabajar con Labán y le propone un trato: trabajaría con él durante siete años a cambio de la mano de Raquel, su hija, esa joven que lo había cautivado desde el primer momento, porque era «de lindo semblante y hermoso parecer»(24). Labán aceptó y pasados siete años, Jacob le pidió a Labán que cumpliera su parte del trato. Había llegado el gran momento: ¡Por fin se casaría con su amada Raquel! Su suegro Labán monta una gran celebración y cuando ya era de noche le entrega en casamiento a su hija. Pero, cuál fue la sorpresa de Jacob cuando, al llegar la mañana y abrir sus ojos para ver a su mujer, se encuentra con que no era Raquel, sino su hermana Lea.

Indignado por el engaño, Jacob le reclama a su suegro, quien simplemente le dice que, por tradición, no podía entregarle a su hija menor antes que a la mayor, pero que, pasada la «semana nupcial» con Lea, le entregaría también a Raquel a cambio de siete años más de trabajo. Llegan a un acuerdo que Jacob acepta y, una semana después, le fue entregada su amada Raquel.

Ahora nos encontramos con que Jacob se había casado con dos mujeres: Raquel y Lea, pero que únicamente amaba a Raquel. Así que, nuestra amiga Lea tenía que compartir su hogar con ellos en un escenario muy difícil de soportar. ¿Te imaginas? La situación no podía ser peor, estando recién casada se sentía menospreciada por su esposo y en el momento que debía ser el más feliz de su vida, solo sentía dolor. Es probable que deseara únicamente poder salir corriendo y nunca regresar a su hogar.

Tal vez intentaba ganar el amor de Jacob, quizás se preguntaba: ¿Qué puedo hacer para que me mires? ¿Qué hago para que me ames? ¿Cuántas veces te has sentido como Lea? Pensando que nadie te ama, que estás sola, que en tiempos en los que se supone que debes estar feliz solo estás llorando y triste. Tal vez lo que creías que era tu momento más dichoso se ha convertido en un verdadero infierno. Quizás pretendas dormir el dolor que nada más tu corazón conoce por la traición del ser amado o la pérdida del amor de tu vida, o tal vez, tienes una compañía que está a tu lado pero ausente.

Hay mujeres con tanta infelicidad en su matrimonio, que únicamente desean tener hijos creyendo que de esa manera ganarán el amor de su pareja. Intentan cambiar, ser perfectas, mujeres inigualables, pero sienten que son una sombra en el jardín de sus sueños; ese jardín que nada más está hermoso en su mente, porque en la realidad es un desierto. Las flores están perdiendo su brillo y belleza, y todo se está secando.

Hay otras que experimentan el rechazo por parte de personas que las desprecian sin razón y que, aunque hacen su mejor esfuerzo por complacer a todos, ser amables y tener paz, nada completa sus expectativas. Y existen otras mujeres que sufren el peor desprecio de todos: el de ellas mismas. Ese que surge por la comparación con otras, producto de la baja autoestima, tal vez a raíz de heridas no sanadas o de afirmaciones no recibidas y que causa un dolor profundo en el alma.

No sé si te identificas con alguno de esos casos, pero si es así, quiero recordarte que aunque los demás no te valoren, o incluso ni tú misma lo hagas, el Rey de Reyes tiene algo mejor para ti, porque eres valiosa, importante y su único y especial tesoro. Ahora, en medio de tu sufrimiento, límpiate las lágrimas porque hay consuelo para ti, como lo hubo para la menospreciada de Lea.

Disfruta de la bendición

«Vio Jehová que Lea era menospreciada y le dio hijos; y Raquel era estéril» (Génesis 29:31)

En aquellos tiempos ser madre tenía especial importancia, mucho más si era de un varón. Aquel acontecimiento llenaba de orgullo al esposo y era motivo de gran celebración. Así que Lea, la menospreciada, empezó a ser bendecida, no una sino cuatro veces. A su primer hijo le llamó Rubén, que significaba «Ved, un hijo», porque dijo: «Ha mirado Jehová mi aflicción». Luego vinieron Simeón, Leví y Judá (25). Sin embargo, Lea no alcanzaba a disfrutar de la plenitud de su bendición, porque se enfocó en tratar de ganar el amor de su amado. No era malo tener hijos, pero ella solo lo hacía buscando que los ojos de su esposo la miraran a ella.

Muchas veces centramos nuestros esfuerzos en complacer a otros para obtener su aprobación, cuando nuestra prioridad debe ser conseguir la aprobación de nuestro Creador.

Pregúntate ahora: ¿Estás haciendo algo para llamar la atención de algunos? ¿Estás buscando amor de alguien que no está interesado en ti? ¿Intentas pertenecer a un círculo, aunque sabes que Dios no lo ha asignado para ti? Es natural querer tener compañía porque no fuimos creadas para estar solas, pero esa necesidad no puede confundirse con el vacío causado por la falta de amor propio. No saber estar sola y siempre querer escuchar palabras hermosas susurradas al oído, ocasionan dependencia de otros y eso no es lo que Dios quiere para ti. Por tanto, debes entender que te debes amar a ti primero, porque tienes un Padre que te ama y es tu hacedor.

Lea se llenó de tristeza porque estaba enfocada en lo que tenía su hermana Raquel, que era el amor y cariño de Jacob; sin embargo, la que fue bendecida con hijos fue ella. Por eso, no pierdas tu enfoque viendo lo que Dios hace en los demás, porque hay una bendición que está lista para ti. Si te detienes al mirar a otros perderás el camino para alcanzar tu respuesta. Puede que la vida no sea justa, pero cada desprecio y cada herida entregada a Dios te ayudará a ser más fuerte.

No te distraigas esperando de otros lo que únicamente el Señor te puede ofrecer. Lea padecía esperando que el verdadero e incondicional amor llegara a su vida y quizás lo mismo te pasa a ti. Esperas que todos a quien amas te respondan de la misma forma en la que tú los amas a ellos y eso trae tristeza y decepción; pero recuerda, solo Dios ama incondicionalmente y para Él debe ser primero tu amor.

«Amarás al Señor tu Dios con todo tu corazón con toda tu alma y con toda tu fuerza». (Deuteronomio: 6:5, RVR1960)

Dios te ama aun cuando no le ames de la misma forma, te espera con sus brazos abiertos para darte vida en abundancia. Ámalo con todas tus fuerzas y transformará ese rechazo y dolor en alegría. El Creador te ha diseñado para cosas grandes, te llamó mucho antes de nacer. Cuando crees que estás sola, Dios está contigo; cuando te sientes triste, Él está ahí; cuando sufres, el Padre te consuela; cuando lloras, Él seca tus lágrimas. Si pensaste que tu historia terminaba en llanto, quiero decirte que hay consuelo para tu alma.

Comienza a amarte y a convertir el rechazo que te llevó al desierto, en una vida que empieza a florecer.

Amiga, muchas veces puedes llegar a sentirte como Lea, marcada de maneras difíciles de olvidar. En ocasiones, el desprecio, rechazo o menosprecio que, consciente o inconscientemente, pudiste recibir desde pequeña, produjo en ti un profundo dolor. Quizás has atravesado situaciones o enfrentado dificultades que no puedes entender y simplemente te llevan a cuestionar la razón, preguntando ¿por qué a mí?

En esos momentos, en vez de cuestionar reflexiona en qué haría Jesús. Él es nuestro mejor ejemplo de cómo mantener una actitud de amor ante una situación de rechazo. Jesús fue despreciado y humillado, pero se mantuvo fiel a su Padre por amor a nosotros; por su amor incondicional e inmerecido.

Dios nos ama, somos sus hijas, ¿qué más podríamos pedir? Recibe hoy el abrazo del Padre celestial. Él conoce tu corazón y tus aflicciones. No puedes hacer nada por lo que ya pasó, porque no controlamos el pasado; pero sí puedes controlar lo que eres hoy. Querida amiga, limpia tus lágrimas y sigue, porque la bendición de Jehová te persigue. ¡Déjala que te encuentre!

～～～

Cuida tus acciones

Desde que era niña vi en mi casa una costumbre muy especial: si llegaban visitas, había que darles de comer. Incluso si estas visitas eran inesperadas, mi madre repartía la cena y parecía que siempre se multiplicaba; nunca vi que escaseara o que no rindiera para todos.

En una ocasión, llegó a casa de mis padres una visita que yo sabía que no había sido muy cordial con nuestra familia. A la hora de cenar, como era costumbre, mi papá se sentó a la mesa y le recibimos con comida y las mejores atenciones, mientras que yo esperaba el momento de ver a mi padre decirle unas cuantas cosas a esta persona que había sido tan poco amable. Pero no fue así. Para mi asombro, todos compartieron un buen rato y mi padre le trató como si nada le hubiese hecho. Es más, creo que hasta el invitado se fue muy feliz, pero también un poco sorprendido al recibir una actitud que ni él mismo esperaba.

Cuando somos niños observamos todo y esa escena se quedó grabada en mi corazón, porque nunca vi a mi papá tratar a las personas que le hicieron mal, de la misma manera en que fue tratado. Al contrario, en medio de rechazos e injusticias, él hasta los ayudaba, dándonos a mis hermanos y a mí, el mejor de los ejemplos. No éramos una familia perfecta, pero sí recibí grandes lecciones; y hoy, después de tantos años, no olvido siempre ayudar a todo el que pueda.

Amiga, Lea tenía a quien la rechazó sentado en su mesa. Mi padre lo tuvo ese día, Jesús lo tuvo en la última cena (26) y tal vez, mañana te toque a ti. Puede ser que le tengas que «dar de comer» a muchos aunque no se lo merezcan, pero dales una oportunidad de que estén a tu lado y comparte con ellos en amor. A eso nos llama Dios, a ayudar y bendecir al prójimo, a sentar a cenar al que quizás no fue el más amable, dando ejemplo de perdón a tu familia para seguir caminando hacia tu destino.

Si tienes la bendición de ser madre recuerda que hay unos ojitos observando todo lo que haces, cuida tu comportamiento frente a tus hijos, sé sabia y prudente porque ellos son más moldeados por lo que observan, que por lo que les hablas. Aun cuando te rechacen, recuerda:

«Y el segundo es semejante: Amarás a tu prójimo como a ti mismo.». (Mateo 22:39)

Y sé que es difícil, pero aunque a veces no lo sepas reconocer, dentro de ti posees algo que te levanta en medio de toda circunstancia. Puedes sacar la fuerza y valentía que ni siquiera sabías que estaba allí. Puedes sentir que son demasiadas dificultades, pero algo dentro de ti te dice:

Eres mucho más fuerte. Despierta esa semilla dormida que hay dentro de ti.

Lea fue menospreciada, su esposo Jacob no la amaba porque su amor era para su hermana Raquel. Pero ella, luego de hacer todo lo que en sus fuerzas podía, entendió que en medio del dolor, menosprecio y angustia solo necesitaba a Dios y amarse a sí misma. Más que al amor de su esposo, necesitaba amar a su Creador y reconocer que adorando a Jehová su vida comenzaría a ser transformada con el verdadero amor: el amor del Padre.

Comienza a amar primero a Dios para que todo en tu camino sea bendecido. Valórate, porque puedes estar depositando toda tu confianza en alguien que mañana puede desilusionarte y fallarte; en cambio, Dios no te fallará nunca. Da inicio a una nueva historia en tu vida, eres mucho más fuerte de lo que crees. Comienza a despertar eso que Él ha depositado dentro de ti.

Una mujer libre en Dios es determinada, se comporta con valor y osadía, no se arredraba, ni permite que nadie la desenfoque. Cuida tus acciones y haz solo lo que Dios te manda a hacer. Reconoce que dentro de ti está la fuerza que necesitas para ser una mujer resistente a cualquier adversidad, rechazo o abandono. ¡Levántate y resplandece! Porque, así como Jehová miró la aflicción de Lea y la bendijo, quiere llenar tu camino de alegría y gozo. Él te ha visto a ti y quiere bendecirte.

<hr />

¡Te conocí!

«Antes que te formases en el vientre te conocí, y antes que nacieses te santifique, te di por profeta a las naciones».
(Jeremías 1:5)

El Creador te conoció desde antes de nacer; desde el principio te separó, te santificó y te tuvo en su mente y en su corazón. Con sus manos te formó, hizo cada detalle único que te distingue de otras para que hoy seas quién eres, sin ser igual a ninguna. Él conoce tus dificultades, tus problemas, tus imperfecciones y aun así te sigue amando. Tu Creador te conoció primero y su amor te cubre.

«He aquí que en mis palmas de las manos te tengo esculpida; delante de mí están siempre tus muros».
(Isaías 49:16)

¡Guau! ¡Qué hermoso! ¡Cómo no amarte, Señor! Así de especial eres también para Dios. Entender que Dios nos conoce y nos ama, nos permite reconocer que aunque estemos en medio de la aflicción, luego vendrá la recompensa; porque, a veces, antes de recibir una gran bendición, primero llega el dolor. ¡Resiste! Esto es temporal, pero el amor de Dios es para siempre, único, verdadero e inigualable.

Llena tu boca de alabanza, alza tu voz en adoración, transforma tu pena en gozo. Es momento de florecer en tu desierto, de levantarte en medio de la tristeza. Cambia tu dependencia de otros por confiar más en Dios. Recuerda que no eres un error o un accidente, eres elegida, amada por Dios, creada para cambiar tu historia y para conquistar lo que tiene tu nombre. Entonces tu vida cobrará sentido y amarás todas las bendiciones dadas por Dios para ti.

«Concibió otra vez y dio a luz un hijo y dijo: Esta vez alabaré al Señor. Por eso lo llamó su nombre Judá y dejó de dar a luz». (Génesis 29:35)

Lea tuvo hijos y no había disfrutado de su bendición, pero al poner a Dios en primer lugar y tener el conocimiento de quien era para Él, en lugar de quejarse, empezó a alabar y su vida cambió. En el momento en que comenzó a mirarse como Dios la miraba, entendiendo el amor de un Padre que, en medio de su situación de desprecio y rechazo estaba presente, transformó su vida en una plena y bendecida.

A ti, amiga, quiero recordarte que en medio de tu enfermedad puedes ofrecerle a Dios una alabanza; ante el dolor de una pérdida de un ser que amabas, puedes continuar creyendo y adorando su nombre. Aunque haya cosas que no puedas entender ni controlar ahora, ¡sigue adorando y alabando!

«Sea llena mi boca de tu alabanza, de tu gloria todo el día».
(Salmos 71:8)

Si te conectas con tu Padre, Él te dará ímpetu para ser una mujer inquebrantable ante cualquier viento contrario que pueda llegar a tu vida. No permitas que destruyan tu corazón, convierte tus heridas en cicatrices, para que cuando regresen a tu mente solo sean un recuerdo de algo que ya superaste y te hizo más fuerte.

Así como en medio del desprecio de Jacob hacia Lea, Dios le hizo justicia; de la misma forma, no importa cuánto puedan rechazarte o subestimarte, porque tú tienes en Él lo que necesitas: la gracia y el favor del Padre Celestial. Ven al regazo del Maestro, no te rindas, no te amargues, no te frustres. En medio de tu situación, en medio de todo lo que te esté pasando hoy, comienza a alabar a Jehová.

El Señor tiene grandes cosas para ti. ¡Adelante! Con cada trozo de tu vida que dejaste en el camino, haz uno nuevo y comienza a vivir en el propósito que Dios te ha diseñado.

Te seguiré

La historia de Rut

«Respondió Rut: no me ruegues que te deje, y me aparte de ti; porque donde tú fueres, iré yo. Y donde quieras vivir viviré. Tu pueblo será mi pueblo y tu Dios será mi Dios».
(Rut 1:16)

Rut nos recuerda que honrar a Dios nos hará florecer en nuestro desierto. Su vida nos refleja, de una manera indeleble, cómo el ser leales, íntegras y agradecidas nos ensanchará el camino para recibir bendición. Nos muestra que dejarlo todo y perder lo que amaba transformó su vida para bien. Rut nos enseña cómo es una mujer de compromiso y valentía. Y es su historia la que quiero compartirte ahora. Para ello, debo hablarte primero de su suegra, Noemí.

Noemí vivía en Belén, que significa «casa de pan» (27), pero, aunque suene irónico, en la casa del pan se acabaron las provisiones y hubo una gran hambruna. Así que, como familia deciden trasladarse a Moab (28), para buscar lo que ya no tenían en Belén. Al establecerse allí, los hijos de Noemí deciden casarse con mujeres moabitas, con una cultura, costumbres y fe distinta; sus nombres eran Orfa, que significa «la que da la espalda» y Rut, que significa «la amiga fiel».

Pasado el tiempo, muere el esposo de Noemí y posteriormente sus dos hijos, quedando sola con sus nueras en Moab. Por tanto, decide regresar a Belén y se despide de sus nueras insistiendo en que ellas todavía tenían la oportunidad de rehacer sus vidas y que lo mejor era que se quedaran allí. Así que Orfa decide regresar a su tierra, mientras que Rut se niega y le promete estar con ella hasta el final.

〰〰〰

Orfa: la que da la espalda

Orfa decidió quedarse en Moab y regresar a su tierra. Después de unos diez años (29) de convivir con Noemí, de haber sido parte de su familia, de tal vez haber sido recibida como una hija, de sufrir juntas las pérdidas de sus esposos; en el momento en el que la amargura y el dolor inundaban el corazón de su suegra, ella toma la decisión de dejarla y volver a su tierra.

¿Te puedes identificar con la historia? ¿Has tenido personas en tu caminar que han estado contigo y que luego te han dado la espalda? Pues quiero hablarte de las «Orfas» en nuestras vidas.

En nuestro caminar atravesamos situaciones en las que debemos tomar decisiones para mejorar y seguir adelante. Nos esforzamos lo que más podemos para ser exitosos o brindarles a nuestros hijos un mejor estilo de vida. Tal vez lo hacemos buscando un mejor empleo, un mejor futuro o simplemente un mejor ambiente de paz y tranquilidad para nosotros y los nuestros.

Muchos de estos cambios son voluntarios, pero otros se dan como consecuencias de las fuertes sacudidas que da la vida. En esos momentos lo que más deseamos es no estar solas, sino poder contar con la compañía o el apoyo de personas importantes para nosotras. Pero sucede lo inesperado: Orfa nos da la espalda. Aquellos de quienes habíamos esperado respaldo, deciden abandonarnos y al final debemos irnos únicamente con aquellos que de verdad deseen acompañarnos. Es entonces cuando Dios nos recuerda que aunque muchos nos den la espalda, no estamos solas porque Él cuida de nosotras. Nos hace entender que si Él ha decidido que esas personas terminen el camino a nuestro lado, es porque nuevas llegarán a nuestra vida.

Quizás hoy te encuentras llorando alguna «Orfa». Puede ser una amiga, un esposo que se fue, un familiar o los hijos que dejaron el nido vacío. Algunas de ellas tal vez podrán regresar, mientras que otras serán aves de paso, pero siempre traerán enseñanzas para nuestras vidas: moldear el carácter, experiencias que sacan nuestra mejor versión, aprender a seleccionar amistades o con quien compartimos nuestras cosas.

No todas las personas están preparadas para aconsejarnos, pero Dios siempre está dispuesto a darnos la mano pues Él es fiel y verdadero. Mientras que muchos podrían estar solo cuando hay abundancia y se van cuando todo se acaba, Dios permanece y nos permite ver que Él es refugio en los días de angustia, que Él es nuestro Padre y nada nos hará falta, y que todo obrará para bien. Ahí es cuando Dios aparece en el escenario y nos dice: ¡Confía en mí!

«Mejor es confiar en Jehová que confiar en el hombre»
(Salmos 118:8)

Así que, amiga, no te detengas por los que se fueron y ya cumplieron el mandato de Dios en tu vida. Echa las ofensas, la traición y el rechazo a un lado, y comienza a limpiar el terreno del pasado. Ya es tiempo de levantarte y florecer porque algo nuevo dará comienzo. No todas serán Orfas, algunas serán Rut.

~~~~~~

Rut: la amiga fiel

Rut, la moabita, determinada y valiente, toma la decisión de moverse de su tierra, dejando todo atrás para comenzar algo nuevo y desconocido. Había perdido a su esposo y su tierra; perdía a sus amigos y familiares, la comodidad de lo que conocía, sus sitios favoritos, sus costumbres y su religión. Por su parte, Noemí había perdido en Moab lo que más amaba. Ahora solo se tenían la una a la otra, dos mundos muy diferentes conectados de forma divina.

En aquel tiempo la mujer era muy dependiente de su esposo para poder subsistir, así que es probable que ambas sintieran miedo. Sin embargo, Noemí, aunque era de una cultura y creencias diferentes a las de Rut, siempre le habló del Dios que ella conocía y que ahora Rut también conoció. Ambas sabían que quien estaba con ellas era más grande y poderoso de lo que podían imaginar y que Él les daría el valor para continuar en el destino que tenía para sus vidas, que, sin saberlo, más adelante cambiaría la historia. Noemí había ganado una hija, una compañera y una amiga, en ese momento de dolor.

Yo también viví algo similar, porque Dios trajo una amiga fiel en el momento en el que más lo necesitaba. Cuando, como familia, decidimos en oración movernos de nuestra isla para el estado de Texas. Me sentí un poco como Rut, dejando atrás mis costumbres, idioma, familia, amigos que eran como hermanos y muchos hermosos recuerdos.

Muchas situaciones fortalecieron mi carácter, pero llegó el momento de estar con mis hijas y ver las experiencias vividas como una película en mi mente. Conservaba muchas cosas, pero algo nuevo había empezado. En aquel momento tuve tristeza y temor, pero aun así sentía el respaldo del Señor en mi corazón. Sabía que él no me abandonaría, pero en mi mente decía: «Señor, ¿y ahora qué?» Me puedo poner en los zapatos de Rut y te puedo asegurar que no era fácil, pero cuando vas con la certeza de que el Dios que va contigo te dará las fuerzas para seguir, todo se ve distinto. Él lo prometió y lo hizo; pude ver su mano que nunca me soltó.

En ese proceso conocí a una amiga a la que recuerdo con mucho cariño. Ella me ayudó a entablar nuevas amistades, conocer el lugar donde me encontraba viviendo y me llevó de la mano para que pudiera empezar a ver lo hermoso que era lo que estaba a mi alrededor. Éramos diferentes, pero conectamos hasta formar una linda amistad; era como una hermana para mí y un miembro más para toda mi familia.

Sin embargo, reconocí que ella estaba asignada para ser mi ayuda en aquel determinado tiempo y al terminarlo, se marchó a seguir su camino. Fue muy triste para mí, pero ya ella había cumplido su asignación conmigo. Dios la utilizó como instrumento para bendecir nuestras vidas.

¡Qué bendición! De la misma manera es Dios. No nos desampara sino que nos cambia el panorama y la forma de ver las cosas y a las personas, hasta entender que cada uno deja un aprendizaje para nuestras vidas, unos para bien y otros para reconocer cómo no se hacen las cosas. Para Rut el final parecía ser cuando su esposo murió, pero Dios le permitió tener a su suegra, la cual la llevó a nuevos horizontes, una nueva aventura, un nuevo comienzo.

Su corazón podía estar hecho pedazos, pero ella continuó en el camino, porque el Señor, en medio de las circunstancias, siempre nos dejará algo o alguien para poder avanzar. Para Rut fue Noemí, a quien le mostró su lealtad, humildad y apoyo en un momento duro para ambas. ¡Qué difícil en estos tiempos conseguir una amiga así! Si tienes una, cuídala, porque Dios te ha bendecido de gran manera.

~~~~~~

Recibir el cambio

Muchas situaciones en nuestra vida nos obligan a hacer cambios que pueden producir tristeza. En ocasiones, cuando estamos establecidos y cómodos llega algo diferente y tratamos de evitarlo. Preferimos quedarnos en el lugar, posición, situación o con los bienes que ya poseemos, porque «estamos muy bien». En otras circunstancias, recibimos el cambio para poder transformar nuestra vida actual y estar mejor. Pero, ¿qué pasa cuando el cambio es tan inesperado que no te deja saber ni a dónde vas? Ahí no es tan fácil de comprender.

Sin embargo, cuando Dios decide movernos de nuestra zona de confort, es porque Él desea transformarnos conforme al diseño para lograr su propósito en nosotros. Cuando él permite cambios en nuestras vidas, pensamos que ya no hay salida, pero ahí es cuando llega su cuidado.

Para Rut no fue fácil dejar todo atrás. Tampoco lo es para ti. Dios quiere llevarte a caminar en fe, como subiendo unas escaleras escalón por escalón, dejando atrás los recuerdos. Aunque no sepas qué hay arriba, más en la confianza de que debes seguir porque Él te espera allí. Esa debe ser tu esperanza, tu fuerza y tu motor para seguir subiendo sin mirar atrás. Sigue porque mientras más subas, más te acercas a Dios y a su propósito para ti.

No hay nada que dejes atrás para seguir el plan de Dios, que Él no se encargue de multiplicar el doble. Muchas veces hay que dejar ir lo bueno para recibir lo mejor, aunque cueste lágrimas. Que el dolor y el temor al cambio no paralicen el propósito de Dios para tu vida.

Tu Padre quiere bendecirte y que trasciendas. Si no eres capaz de dejar el pasado atrás, no podrás ver lo nuevo que Él tiene para ti. No permitas que el temor a lo nuevo se convierta en estorbo para ver el propósito que hay detrás de todo lo que el Señor está haciendo en tu vida. Entonces ahora pregúntate: ¿Cómo vas a reaccionar ante el cambio inevitable que puede llegar a tu vida? ¿Seguirás lamentando lo ocurrido o tomarás lo que te queda y seguirás luchando? ¿Qué te queda luego del proceso? ¿Qué decisiones vas a tomar? ¿Qué puedes hacer con lo que Dios ha dejado en tus manos? ¿Qué harás con tu familia, sueños, trabajo, ministerio, o habilidades dormidas que debes despertar?

Tal vez Rut pensó que lo único que tenía en ese momento era una suegra triste y sola, cuando en realidad quería a su esposo a su lado, tener hijos y familia. Pero Dios siempre se las sabe todas y todo forma parte de un plan. Nosotras nos queremos salir del camino y él nos devuelve a la dirección correcta.

Muchas cosas suceden para comenzar a valorar más lo que tienes hoy, a agradecer por las personas que Dios te ha permitido tener a tu lado. No todo está perdido, no permitas que la amargura detenga la semilla de bendiciones y muera dentro de ti. Es tiempo de empezar a florecer en tu desierto.

Aunque ahora no lo entiendas, los cambios que Dios permite forman parte de un plan para bendecirte y sacar los pedazos de tu vida para formar algo mejor.

Estar en los zapatos de Rut no es nada fácil e imagino que en los tuyos tampoco, pero te entiendo. Como ya te he mencionado anteriormente, yo tuve que pasar del mar azul de mi isla, con temperaturas cálidas todo el año, al desierto en Texas. ¡Ay bendito! ¡Qué difícil recibir el cambio del trópico al frío! Pero recibiéndolo pude ver que su mano no me soltaba.

Recuerdo que en una ocasión visité a una pastora muy especial, que ama a Dios sobre todas las cosas, y me dijo: «Dios les abrió camino de una manera increíble. Ni yo había visto que tuvieran tantas bendiciones. Sigan adelante. Dios está con ustedes». Cómo olvidar que el Señor usó a personas, que eran como ángeles, para dejarnos saber que nos acompaña en todo momento; a través de ellos pude ver los lindos regalos que estaban reservados para mí.

Dios te quiere bendecir, pero te toca a ti trabajar tu parte. Vaciar la cajita del pasado para recibir el presente, vivir el proceso, recibir el cambio. Rut tuvo que dejar todo atrás, seguir caminando con el bulto de la pena, y Dios la sostuvo. Tal vez, en algún momento miró hacia atrás y pasaron muchas memorias por su mente, como podrían estar pasando por la tuya ahora, pero continuó en marcha, siguió el camino, no se detuvo y pudo florecer

Hay momentos áridos, pero Dios tiene en su libro cada capítulo de nuestra historia. Esto solo es el comienzo, Él no ha acabado todavía con tu vida ni con la mía. Yo pude ver que el cambio para mí y mi familia fue de bendición y sé que muy pronto podrás ver cómo tu vida florece, si recibes el cambio.

〜〜〜〜〜

La fidelidad tiene recompensa

Después de salir de Moab, Rut y Noemí llegaron a Belén. Era la época de la siega de la cebada y Rut, muy humilde, decide buscar dónde trabajar para encontrar el sustento de ambas. Entonces llega a los campos de Booz para recoger espigas, tomando de lo que los demás segadores dejaban caer (30). Eso era lo único que en aquel momento estaba a su alcance, la única fuente de sustento para ellas. Pero, ¿sabes qué? La humildad y disciplina estaba siendo observada y lo que había hecho por su suegra llegó a oídos del dueño del campo en donde trabajaba. La recompensa venía en camino.

«Respondiendo Booz, le digo: He sabido todo lo que has hecho con tu suegra después de la muerte de tu marido, y que dejando a tu padre y a tu madre y la tierra donde naciste, has venido a un pueblo que no conociste antes».
(Rut 2:11)

Procura dar lo mejor de ti, no importando cuán humilde parezca ser lo que estás haciendo. No mires tu tarea como algo insignificante, ya que todo lo grande tuvo un comienzo pequeño. En lo poco que se te haya puesto en las manos, da lo mejor de ti. Sé la mejor en lo que hagas, hazlo con amor y dedicación, porque alguien te puede estar observando y el primero que lo hace es Dios, quien muchas veces te pone a prueba para saber qué haces con lo que te dio.

«Su señor le dijo: Bien, buen siervo y fiel; sobre poco has sido fiel, sobre mucho te pondré; entra en el gozo de tu Señor». (Mateo 25:23)

Dios bendice desde lo poco preparándote para lo que vendrá luego del proceso, porque cuando las manos se vacían, se preparan para recibir lo nuevo que llegará. ¿Qué haces con lo que tienes? ¿Solo te quejas o das gracias a Dios por todo? Rut tuvo que dejar todo atrás para recibir lo nuevo que el Señor tenía en su libro de vida para ella. Y fue tan bendecida que, fruto de su constancia y fidelidad, pasó de recoger espigas que caen al suelo a ser la esposa del dueño del campo

«Booz pues tomó a Rut y ella fue su mujer; y se llegó a ella, y Jehová le dio que concibiese y diese a luz un hijo».
(Rut 4:13)

Ese hijo, a quien le pusieron por nombre Obed, fue parte de la historia, ya que años más tarde se convirtió en el abuelo de David, por tanto, parte del linaje de Jesucristo. Noemí y su familia se movieron a otro lugar tras la pérdida. En todo ese proceso, resalta la hermosa Rut. Una mujer generosa, valiente, buena amiga y más que una hija, que hace a Noemí reír de nuevo, al tener un nieto. ¡Cómo Dios transforma todo para bien! Una mujer de Moab, con un principio de desierto, al final pudo florecer. De recoger las sobras de la siega llegó a ser la reina del corazón de Booz.

El Señor, a través del cambio, nos bendice, pero necesitamos ser fieles y sin dejar de creer que algo mejor llegará. Rut no permitió que la amargura cubriera su corazón, sino que se fue tras la conquista de lo que tenía su nombre.

Dios te bendice para florecer, pero debes estar conectada a la fuente de vida, al único que te traerá descanso. Pronto terminará la sequía de tu vida y se acabará la esterilidad para llegar a la bendición.

~~~~~~

Mujer valiente

Rut fue una mujer osada, valiente, decidida y enfocada en lograr ser cada día mejor. Por eso te digo hoy: no importa cómo te encuentres, Dios tiene algo hermoso para ti. Hay momentos en los que es muy importante tomar decisiones y que sean dirigidas por Él; que Él sea tu guía, el mapa que te indica hacia dónde debes ir.

El Señor quiere dirigir tu camino, ser la lámpara que te alumbre en los momentos oscuros, y ser tu oasis para darte descanso en los momentos de sequedad. A veces debes continuar sola, pero recuerda que Dios y tú es todo lo que necesitas para vencer. Sé una mujer valiente, determinada, decidida. Lucha por lo que Dios entregó en tus manos. Cultiva esas semillas para que crezcan y puedan florecer.

«Así que no temas, porque yo estoy contigo; no desmayes, porque yo soy tu Dios que te esfuerzo; siempre te ayudaré, siempre te sustentaré con la diestra de mi justicia».
(Isaías 41:10)

Mira todo lo que te sucede ahora. Quizás no es lo que esperabas, pero hay un propósito para ti en este momento de tu vida. Lo nuevo puede traer muchas pruebas, pero te aseguro que sacará tu mejor versión. Decídete a recibir los cambios, porque Dios hará que florezcas en el desierto. Solamente deja que Él sea tu Dios y la piedra angular de tu casa y verás que solo es una temporada, que pronto pasará y llegará tu bendición.

Espero que en esta historia puedas reconocer que, en medio de un principio de pérdida y tristeza, si eres fiel a Dios, Él se encargará de sostenerte y bendecirte. Así como lo hizo con Rut, así como lo hizo en mi vida y con mi familia, lo puede hacer contigo.

En su tiempo, florecerás

~~~~

La historia de Sara

«Y la bendeciré, y también te daré de ella hijos; sí, la bendeciré, y vendrá a ser madre de naciones; reyes de pueblos vendrán de ella». (Génesis 17:16)

Sara recibe la gran noticia de que iba a ser madre siendo una anciana. Nos dice la Biblia que al escuchar la promesa, se rio porque no lo creía. Y si lo miramos bien, tenía razón para no hacerlo, era una noticia difícil de asimilar. Quizás se preguntaba y respondía a sí misma: ¿Cómo podré ser madre a mi edad? Ya no tengo fuerzas, no podré disfrutar de la misma manera que lo haría si fuera joven; además, mi esposo es anciano y yo ni siquiera tengo ya la costumbre de las mujeres. ¡Esto es imposible!

Este razonamiento podría sonar lógico, porque cuando llegamos a cierta edad nuestro cuerpo experimenta diferentes cambios. Conforme va pasando el tiempo dejamos de sentirnos de la misma forma en la que nos sentíamos a los veinte añitos de edad. Nuestra energía, fuerza y salud no es la misma cuando pasamos los cuarenta

127

o más. De hecho, los médicos recomiendan no esperar demasiado para tener un hijo, por los altos riesgos que conlleva para la madre y el bebé, dar a luz en edad avanzada.

Por su parte, aunque los cambios hormonales y físicos son distintos en los hombres, ellos también presentan variaciones en su cuerpo, a través de los años, por lo que la dificultad para concebir en la vejez se hace cada vez mayor. Ha habido excepciones y se han dado casos de embarazos entre personas muy mayores, pero no es lo habitual ni lo recomendado. Así que, estar en los zapatos de Sara no era nada fácil. Ambos estaban en un momento de sus vidas con muy pocas posibilidades para tener un hijo: ella estéril, los dos ancianos. Para ella esa idea no era posible; su tiempo había pasado. Pero a Dios le fascinan los imposibles.

«¿Hay para Dios alguna cosa difícil? Al tiempo señalado volveré a ti, y según el tiempo de la vida, Sara tendrá un hijo». (Génesis 18:14)

Sara, como todas nosotras, había establecido su vida de acuerdo a lo terrenal. Tú y yo hacemos lo mismo, programamos agendas con actividades, días y horas, para poder tener el control de todo y nos limitamos a lo que la sociedad dice que debe suceder, en el tiempo en el que ellos marcan: la edad a la que se supone que debemos casarnos, estudiar una carrera, tener un hijo, cumplir un sueño. Pero, ¿qué hacer cuando Dios lo cambia todo?

¿Cómo actuamos cuando es Él quien habla dando una promesa imposible a nuestras vidas, una difícil de creer? Ahí se manifiesta esa soberanía de Dios, dueño absoluto de nuestro tiempo. Cuando nuestra lógica no entiende cómo Él está creando, dando vida, formando nuestro camino; cuando viene lo inexplicable, lo imposible, Él dice: ¡Se hará!

A Sara la promesa le causó risa, pero, ¿cómo no reírse de algo que es imposible para el razonamiento humano? No me malinterpretes, no te estoy animando a no creer en lo que Dios dice, porque si Él habló, se hará; simplemente es que veo en ella un reflejo de nosotras, cuando no creemos que algo grande llegará a nuestras vidas, cuando dudamos de que Dios nos permitirá lograr cosas inimaginables para nuestro pensamiento. Aunque sabemos que solo Él lo puede hacer, en nuestro interior pensamos que nunca llegará, que hay una fecha límite. ¡Ja! ¡Le decimos eso al dueño del tiempo! Es tiempo de recibir promesas, para Sara fue su hijo Isaac, ¿cuál es la tuya?

Es el momento de despertar tu fe. Un buen comienzo es hacerlo en oración, en un diálogo entre Padre e hija, conectada a Él para conocerle. Es tiempo de hacer germinar las muchas semillas depositadas por Dios en tu corazón. Querer estudiar, emprender, tener un ministerio, alcanzar una meta, cumplir un anhelo, es posible en su tiempo y voluntad. Solo ora y pide que te muestre. ¿Por qué orar tan poco si tenemos un Dios tan grande?

No importa la edad que tengas, si Dios promete que vendrán cosas grandes para tu vida, Él lo hará.

~

En la espera

Cuando queremos algo arduamente, cuando estamos esperando un milagro, cuando Dios nos da una promesa y pasa mucho tiempo sin ver nuestros sueños hechos realidad, puede llegar la desesperación ¡Cuidado amiga! es una mala consejera. Sara era estéril, ¿y sabes qué hizo? Creó un buen plan a su manera, para «resolver» el problema de no poder darle hijos a su esposo.

Así que, discute la idea con él y lo convence de «ayudar un poco» para que la promesa que Dios se cumpliera. ¿Se te hace familiar? ¿Has intentado alguna vez «ayudar a Dios»? Sara sí y es entonces cuando le pide a su esposo que se llegara a su sierva, Agar, para poder tener descendencia. (31) Ahora bien, Agar concibió y al sentirse superior por ello, comenzó a mirar con desprecio a su señora, Sara (aún llamada Sarai) (32). La supuesta solución terminó siendo un pecado que trajo consecuencias. Hacerlo así no trajo buenos resultados.

¡Cuánto nos pasa lo mismo! Queremos hacer cambios al plan de Dios y pensamos que será mejor a nuestra manera. Creemos que hacemos algo para bien y de repente todo está al revés, porque perdemos el enfoque. Lamento decirte que ahí está nuestro problema, queremos usar nuestras propias salidas, las respuestas a nuestra necesidad; pretendemos ser Dios, pero no podemos porque Él está más arriba que nosotros. Tú y yo solo podemos ver lo que tenemos de frente, pero Él ve todo el panorama completo desde arriba. Saca tus manos del problema y deja que sea Dios quien trabaje cada situación de tu vida. Él no necesita tu ayuda, solo necesita tu obediencia. ¿Quién más puede saber qué será lo mejor para ti? Confía en Dios. ¡Él lo hará!

«Pues aún no está la palabra en mi lengua, Y he aquí, oh Jehová, tú la sabes toda». (Salmos 139:4)

Cuídate cuando en tu camino comienzan a aparecer la ansiedad, el desespero y la duda que solamente te desenfocan del plan y el propósito de Dios para tu vida. Te puedes frustrar, cansarte, sentir que se termina la fuerza para continuar porque no ves que eso que esperas se cumpla, pero no pierdas de vista que Él sabe cuál es el momento perfecto. No permitas que el tiempo te desespere, ni que tu corazón pierda la pasión; permite que Dios te dé paz para que durante la espera puedas ser fortalecida para continuar hacia la gran bendición que aguarda por ti.

«La esperanza frustrada aflige al corazón; el deseo cumplido es un árbol de vida». (Proverbios 13:12)

La esperanza abre la posibilidad de ver sueños cumplidos, es esa confianza que tenemos, aunque muchas veces nuestras metas parezcan imposibles de alcanzar. Por tanto, cuando esa esperanza se apaga, por alguna enfermedad, problemas emocionales, angustia o tristeza, no es posible encontrar el sentido de seguir adelante. Y esto le podría pasar a mujeres como tú y yo.

Lo importante es trabajar por mantener la fe, no permitir que el corazón se turbe por tanto esperar un cambio o una promesa que está lejos de hacerse realidad. Para ello es necesario depositar nuestra confianza en Cristo; *Él tiene la respuesta y es la respuesta a todo lo que necesitamos.* En Él hay plenitud y bendición.

Él nos hace resistentes en el desierto, convierte las ruinas en belleza, si solo esperamos el momento asignado.

Beber de la fuente de vida

Ahora quiero hacer un paréntesis, porque aunque este capítulo trata de Sara, hay una lección muy relevante que podemos extraer de la historia de Agar. Unos párrafos atrás te comentaba que cuando Agar concibió, miraba con desprecio a su señora; pero pasa el tiempo y los papeles se invierten. Entonces, la que afligía, pasa a ser la afligida y despreciada (33) La situación se llegó a complicar tanto, que después de irse de casa y volver por orden de Dios, Agar es sacada de su casa con su hijo Ismael únicamente con un odre lleno de agua para beber y un pedazo de pan para comer (34). La decisión de Sara y la actitud de Agar tuvieron consecuencias. Ambas tuvieron conductas que no fueron las mejores, pero Dios les dio una nueva oportunidad, como lo hace con nosotras a diario. Él es tan grande y su amor es tan perfecto que nos permite volver a empezar en Él.

Por eso es tan importante dejarnos dirigir por Dios, porque Él perdona y arregla nuestro futuro, pero no podemos evitar las consecuencias de las decisiones incorrectas que tomamos cuando no le escuchamos. Y Agar lo vivió. Su desierto no era simbólico, sino que literalmente estaba en medio de uno. El calor y el cansancio fue tal, que en el momento en el que el agua del odre se terminó, ella, sin esperanzas, dejó a su niño en la arena y siguió caminando para no verlo morir (35).

Agar pensó que todo estaba perdido, que su hijo moriría en su desierto. De la misma forma nos sentimos cuando creemos que nuestros sueños van a morir, que estamos solas en medio de la nada y que Dios no escucha nuestro clamor. La desesperanza nos lleva a olvidar que Él está siempre a nuestro lado y que en el desierto, siempre aparece como un oasis para traer descanso y calmar nuestra sed.

Nuestro Dios, grande en misericordia, escuchó la voz del muchacho y vio las lágrimas de su madre. Entonces envió un ángel para decirles que no tuvieran temor y le abrió los ojos a Agar para que viera una fuente de agua, en donde pudo llenar el odre y dar beber a su hijo. Si tu odre ya no tiene agua y necesitas más, Dios abrirá tus ojos para que en tu proceso veas la fuente de agua y vida. Él te sustenta y suple en el momento en que sientes que todo está perdido.

«No tendrán hambre ni sed, ni calor ni el sol los fatigará; porque el que tiene de ellos misericordia los guiará, y los conducirá manantiales de aguas». (Isaías 49:10)

Agar no estaba en el plan entre Sara y Abraham, pero por la decisión de Sara entró a la historia. Sin embargo, Dios también tenía un plan para ella, la cuidó en su proceso y escuchó su dolor. Así es Él, escucha nuestra aflicción y, a pesar de nuestros errores y las consecuencias de nuestras decisiones incorrectas, tiene misericordia de nosotros.

〜〜〜

Tiempo de florecer

Sara fue llamada estéril, como tal vez te han llamado a ti, porque no ha llegado ese «embarazo» deseado en lo físico o en lo espiritual; pero hoy quiero recordarte que lo que dicen de ti, no es lo que Dios dice. Él sobrepasa toda palabra del hombre, ya que para él NADA es imposible.

«¿Acaso hay algo imposible para el Señor?[...]»
(Génesis 18:14, NVI)

Sara recibió en su vejez a Isaac, su promesa, tal como lo dijo el Señor, en el tiempo en que Él lo determinó. Después de tanto esperar, tuvo a ese niño en sus brazos; pudo besarlo, cuidarlo y darle todo su amor. Tal vez al ver su carita buscaron a quién se parecía más. ¡Qué hermoso momento! ¡Qué emoción la de Sara! Pero para tenerlo tuvo que esperar.

Antes de tener un hijo en brazos, las madres debemos atravesar diferentes etapas mientras que ese bebé se desarrolla dentro de nosotras. Es un tiempo de espera hasta que llega la emoción que trae el momento del alumbramiento, que también es un momento de dolor. Los dolores de parto, las contracciones intensas, las diferentes emociones que se viven, son tiempos de desesperación. Pero cuando finalmente llega, cuando ya tenemos nuestro milagro en brazos, es una alegría indescriptible, imposible de olvidar.

¿Cuántas cosas estás esperando y no ves el día en que se hagan realidad? Hoy quiero decirte que el dolor pasará, que la espera acabará. Cuando tuve que dar a luz a mis hijas, pasé momentos difíciles; pero cuando ya estaban en mis brazos olvidaba todo y ese padecimiento solo quedaba en mis recuerdos. Así te vas a sentir cuando eso que tanto esperas llegue a tu vida, aun cuando creas que todo está perdido, de repente llegará la respuesta y olvidarás todo lo que pasaste para recibir la bendición con alegría, con la certeza de que todo lo que puedas lograr no es más importante que ver el cumplimiento de lo que Dios ha asignado para ti.

El Padre tenía un plan perfecto: Sara recibió su promesa, Agar su bendición y Abraham se convirtió en padre de naciones. En Su tiempo perfecto, Él cumplió sus promesas. Aunque para nosotros sea larga la espera, ese momento asignado por Dios, siempre llega. Los cambios obran para bien. En los tiempos que pensamos: «Ya es tarde para mí», es cuando Él comienza.

Dios te creó para algo especial, aunque a veces sus promesas parecen imposibles. Sara vio la suya cumplida y pudo reír, pero de alegría. Así que espera en Él, recibe lo que tiene tu nombre porque Dios quiere bendecirte y que llegue gozo con el cumplimiento de sus promesas.

En mi vida he pasado momentos de angustia, tiempos en los que me encontraba esperando cosas que no llegaban, mientras que a otros sí. He tenido tiempos, como en medio de la pandemia de 2020 que nos cambió la vida, donde la espera por ver que esta neblina pasara, parecía interminable. Ese fue un gran desierto, cuánta tristeza, cuántas personas que dejaron de estar, cuántas situaciones emocionales afectando familias, cuántas dificultades económicas y muchas situaciones más.

Pero el Señor me enseñó que es mejor esperar en su tiempo porque Él está en control. No niego que a veces me he sentido como Sara, deseando ver ya mis sueños

realizados; otras veces me he sentido como Agar, en el desierto, con mi odre vacío y mi «niño» a punto de morir, Pero Dios siempre llega a tiempo y revive esas semillas secas. He podido ver su mano cuidando mi vida y la de mi familia, he visto su misericordia dándome nuevas oportunidades.

Tú estás leyendo uno de mis sueños hecho realidad. Después de muchos años de espera, hoy puedo compartirlo contigo, porque Dios puso las personas indicadas, me miró y me amó y sé que esto solo es el comienzo porque recibí las fuerzas en fe en Su tiempo, porque creí y creo que Él es fiel.

Ese es el Dios al que sirvo, un Dios poderoso que hace milagros, que transforma mis cenizas en victoria. Ese el Dios que quiero invitarte a conocer, pues Él te guiará a los manantiales de agua para decirte: Es tiempo de creer y de crecer ¡Resiste!

¡Florece en tu desierto!

PARTE 2

Mi viaje en el desierto

Un viaje para florecer

«Que se alegre el desierto, tierra seca; que se llene de alegría, que florezca». (Isaías 35:1, DHH)

El desierto es un lugar con un clima árido, en donde las precipitaciones son escasas. Generalmente, al pensar en él, lo que llega a nuestra mente es el calor, la sequedad, plantas con espinas y si no lo conocemos, nuestro concepto es que nada puede crecer o tener vida en ese sitio. Sin embargo, aunque nos pueda sorprender, hay muchos desiertos que florecen. Dependiendo del tipo que sean, pueden tener fauna y flora abundante, adaptada a la humedad y condiciones del terreno. Aun en tiempos de cambios y temporadas extremas, ellos florecen y nos permiten ver su belleza y riquezas.

Como ya te conté, cuando empecé a escribir este libro, me encontraba viviendo en San Angelo, Texas; una zona rodeada de desiertos, muy distinta a lo que yo estaba acostumbrada en mi isla natal, Puerto Rico. Al llegar a esa ciudad, me llamaba la atención cómo podían nacer flores en desiertos tan áridos. En medio de lo que yo he llamado «mi viaje en el desierto», empecé a investigar y aprender valiosas lecciones que quiero compartir contigo para que tú también puedas florecer.

Posiblemente, así como yo lo hacía, tú te preguntas: ¿cómo Dios permite que un desierto florezca? ¿Cómo, entre sequedad y espinas, surgen flores tan hermosas? Y tal vez podrías preguntar, ¿en el desierto que estoy viviendo, cómo puedo florecer? ¿Cómo puedo seguir cuando todo lo que me rodea es sequedad y vientos contrarios? Y aquí comienza lo que aprendí:

Rompiendo los esquemas del clima, los desiertos que logran florecer lo hacen como consecuencia de un fenómeno atmosférico que produce mucha lluvia, permitiendo que podamos disfrutar de la diversidad de flores y aromas. Cada uno tiene su proceso y tiempo que permite que esas flores, tan maravillosas, revelen su belleza. ¡Qué hermosa es la naturaleza creada por nuestro Dios! Como las flores del desierto que pasan por situaciones climáticas extremas, como lluvia y cambios bruscos de temperatura; así nos pasa a nosotras cuando en nuestros procesos atravesamos situaciones desagradables para, después de todo eso, florecer.

En la Biblia, el profeta Isaías nos dice:

«Se alegrará el desierto y la soledad; el yermo se gozará y florecerá como la rosa. Florecerá profusamente, y también se alegrará cantará con júbilo; la glorieta de Líbano será dada, la hermosura del Carmelo y de Sarón. Ellos verán la gloria de Jehová, la hermosura del Dios nuestro».
(Isaías 35:1-2, RVR1960)

Podemos florecer como las rosas, tener alegría y gozo con las promesas que nos da nuestro Creador. Podemos confiar en Él durante nuestra sequía y tormentas, y aun en el suelo árido, abandonado y apartado de todo, podremos encontrar una flor.

No todo está perdido en tu desierto; te podrás sentir sin fuerzas, pero pronto identificarás por qué estás donde estás. Podrás aprender del desierto cuando dejes de lamentarte por el lugar donde te encuentras, cuando dejes de mirar todo lo negativo a tu alrededor y empieces a recordar que Dios tiene un propósito con todo lo que hace. Él nos quiere enseñar muchas cosas, pero no estamos atentas a escucharlo.

Dios quiere recordarnos que si nos permite estar en un lugar es para que desde ahí podamos florecer y hacer que todo lo que esté a nuestro alrededor se convierta en un jardín florido y un lugar fértil. ¿Qué podríamos aprender desde nuestros desiertos? Podemos aprender a ganar batallas, a salir fortalecidas, a tener intimidad genuina con Dios y a acercarnos más a Él.

En el desierto comenzamos a enfrentar miedos y en oración podemos dar vida a lo que está seco, ya sean problemas con tus hijos, ministerios o sueños que deseas lograr. Pero, ¿por qué llegan esos tiempos de desierto?

«Pero he aquí yo la atraeré al desierto, y la llevaré al desierto y hablaré a su corazón». (Oseas 2:14, RVR1960)

Esos momentos en los que te has sentido triste y que solo sientes el silencio de Dios (que yo también he vivido), son los tiempos en los que más necesitamos acercarnos a Él para escucharlo y que nos guíe, para que sea nuestro norte y para que, luego del tiempo de silencio, hable a nuestro corazón. Así lo ha hecho conmigo y quiere hacerlo contigo, pero muchas veces somos difíciles, queremos seguir con nuestras propias fuerzas, y armar nuestros planes sin contar con Él en nuestras vidas. Seguimos tomando decisiones incorrectas aunque sabemos que estamos mal y necesitamos su ayuda. Sentimos lástima de nosotras, nos quejamos de todo lo que nos pasa, pero no hacemos nada para cambiar.

Dios nos quiere dirigir a florecer. No podemos estar solas en nuestros desiertos, sin Él tomando nuestra mano. Debemos seguir las huellas que nos deja en el camino, para poder tomar la dirección adecuada. Esto no quiere decir que no habrá lágrimas o dolor; pero al final llega la recompensa.

En el caminar por el desierto reconocemos la protección de Dios en nuestra vida y sin temor podemos confiar en que Él provee todo lo que nos hace falta. En los momentos de sequedad, Él aparece y nos suple, recordando que su poder es mayor que cualquier situación que podamos estar atravesando, que Él pelea las batallas por nosotros y que podemos estar tranquilos de que nuestro sustento en el desierto proviene de Él.

«No temas, que yo estoy contigo no desmayes, que yo soy tu Dios que te esfuerzo: siempre te sustentaré con la diestra de mi justicia». (Isaías 41:10, RVR1960)

No estás sola, Dios está contigo en el desierto para que logres florecer. Hay esperanza porque en los desiertos secos puedes encontrar un oasis; aún allí el Señor puede calmar tu sed y darte descanso, quietud y paz. ¡Qué hermoso poder encontrar el oasis de vida que es Cristo, la fuente inagotable que es Jesús! Por eso, muchas veces, únicamente en el desierto nos volvemos a conectar con nuestro Padre. Sé que puedes sentir que hay áreas en tu corazón y en tu vida que nunca florecen; puedes creer que no sales del desierto y que parece que estás dando vueltas en círculos sin llegar a ningún destino. Sé que hay momentos en los que te vas a sentir sin fuerzas, porque todas nos podemos debilitar, pero...

«Fortaleced las manos cansadas, afirmad las rodillas endebles». (Isaías 35:3, RVR1960)

Dios te dará las fuerzas al obedecer y escucharle. Amiga, el secreto para poder florecer es mantener la fe, escucharlo, obedecer y no olvidar que Él NUNCA te dejará sola en tu situación. Muchas veces lo que vemos en nuestras vidas no es tan hermoso, pero solo Dios tiene el poder de cambiar nuestra realidad y llenarnos de gozo y alegría.

Tomemos para nosotros las palabras del salmista:

«Cuando en mí la angustia iba en aumento, tu consuelo llenaba mi alma de alegría». (Salmos 94:19)

En el desierto, muchas veces nos sentimos solas aun con personas alrededor, podemos tenerlo todo y a la vez sentir que algo falta, o simplemente no tener nada de lo que esperamos. Pero lo lindo de todo esto es que Dios nos enseña la necesidad que tenemos en nuestra vida de Él; nos muestra que si Él dirige nuestros pasos, no importa la lluvia, el frío, el calor, el viento o las tormentas de arena que vengan a nuestras vidas, porque Él mismo nos hace resistentes en esas situaciones.

Si te preguntas: ¿de dónde obtengo fuerzas para seguir? Recuerda que esa fuerza viene de lo alto para transformarte y darte la oportunidad de florecer. Muchos trataron de enterrarte y pensaron que no saldrías de esa; pero se les olvidó que eres como la semilla que se entierra para luego poder ver la luz, crecer y florecer. No importando dónde estés, no te quedes en el suelo; crece para que esas flores hermosas perfumen todo a tu alrededor.

No puedo decir que sea fácil, pero sí puedo afirmar que con Dios, como poderoso gigante en tu vida, tendrás el coraje para resistir. Todas tenemos procesos y en algunos de ellos podemos sentirnos subestimadas, maltratadas, abusadas o abandonadas, en algunos otros sentir que solo hay pérdidas; pero cualquiera que sea la situación, quiero recordarte que hay un Dios que quiere tomar todos tus pedazos y convertirlos en un camino para que comiences una nueva historia en tu vida.

No importa el desierto en el que te puedas encontrar hoy, hay esperanza para ti. Dios desea bendecirte y llevarte a trascender en Él.

Lo que encontré en mi viaje

«Dios ha cuidado de ustedes como cuida las águilas a sus polluelos. Dios siempre ha estado cerca para ayudarlos a sobrevivir». (Deuteronomio:32:11, TLA)

La naturaleza nos brinda la oportunidad de aprender de ella y el desierto puede ser muy interesante. Es fascinante ver las diferentes características de los animales y flores, incluso en sus colores y formas, adaptadas para resistir las condiciones del lugar en donde se encuentren.

Mucho de lo que hay en Texas, en su momento fue nuevo para mí, ya que aquí conocí muchas especies que no están en mi isla del Caribe, Puerto Rico. Por tanto, mi familia y yo tuvimos que empezar a conocerlos para poder cuidarnos de ellos. Por eso, para mí es muy divertido y edificante hacer una analogía de lo que he aprendido con ellos en el desierto y compararlo con mi vida; porque en este viaje que es vivir Dios nos permite ver diferentes paisajes; unos con mucho color y otros de desierto árido.

Quiero compartirlo contigo porque podrías encontrarlo en tu viaje también. Dios nos permite aprender en todo lo que vivimos, hasta en el desierto. Podemos encontrar algunos elementos que nos permiten detenernos a observarlos; mientras que con otros debemos estar alertas porque nos pueden hacer tropezar. Veamos algunos de ellos:

~~~~~~

Animales en el desierto

Caminando en el desierto nos podemos encontrar con diversidad de animales; algunos de ellos son tan peligrosos que incluso nos podrían causar la muerte. Por eso hay que caminar con cuidado, mirando todo alrededor para evitar encontrarse con uno de ellos. De la misma forma ocurre en nuestro caminar de vida. En nuestros desiertos debemos estar alerta y siempre bajo el cuidado de Dios para saber hacia dónde nos dirigimos, a qué nos acercamos y de qué nos debemos alejar. Debemos ser perspicaces en todo momento; humildes pero cuidadosas.

«He aquí, yo os envío como ovejas en medio de lobos; sed, pues, prudentes como serpientes, y sencillos como palomas». (Mateo 10:16, NVI)

Esos lobos representan los peligros que nos acechan en el desierto, pero aunque estemos rodeadas de ellos, el cuidado de Dios será nuestra luz en el camino. Él no nos dejará solas, siempre nos cuidará, será nuestro refugio y nada nos pasará.

«Tú eres mi refugio; me protegerás del peligro y me rodearás con cántico de liberación». (Salmos 32:7, NVI)

Veamos algunos de los animales que podemos encontrarnos en el desierto y su similitud con nuestra vida:

La serpiente cascabel

En el desierto podrías encontrarte con muchas serpientes, algunas visibles y otras difíciles de ver, puesto que su color se puede parecer al color de la arena. Una de ellas es la serpiente cascabel, una especie letal, astuta y de cuidado, que cuando se siente en peligro ataca, haciendo antes un ruido parecido al de un cascabel. A pesar de ser muy peligrosa, tiene la «ventaja» de que con su sonido emite una advertencia, casi como si dijera: ¡No te acerques!

En nuestra vida sucede algo similar. Podemos encontrarnos con personas que nos pueden confundir: están cerca, comparten con nosotros, parecen muy amables y buenos; pero la realidad es otra. Entonces Dios nos permite escuchar un sonido de aviso y si no lo notamos, es porque no tenemos discernimiento sobre quiénes son los que nos rodean. Debemos estar muy atentos y sensibles a escuchar a Dios, porque personas así nos pueden desviar del camino y de la dirección que Él nos ha dado.

Cuando esa voz dentro nuestro dice: ¡Cuidado!, debemos detenernos. No podemos permanecer cerca de lo que nos puede hacer daño. Debemos tener precaución de por dónde caminamos, porque si no estamos pendientes, podríamos tener el peligro muy cerca, ese que intenta impedir que logres florecer.

Permanece alerta a los avisos que Dios te muestra, para que no caigas en las trampas del enemigo.

«Entonces, habiendo recogido Pablo algunas ramas secas, las echó al fuego; y una víbora, huyendo del calor, se le prendió en la mano [...] Pero él sacudió la víbora en el fuego, ningún daño padeció» (Hechos 28:3,5)

Pablo fue mordido por una serpiente y las personas que esperaban su muerte pudieron ver que nada le sucedió. Notemos que Dios no evitó la mordida, pero sí lo cuidó para que no muriera.

A ti, mujer, te pueden pasar muchas cosas que sientes que son como «mordeduras de serpiente» que dejan marcas dolorosas, ya sean maltratos, abusos, desprecios o cualquier otra situación difícil; pero algo sí te puedo decir y es que tú puedes resistir eso y que los que esperaban tu derrota, tendrán que ver que sobreviviste. Dios te ha dado el antídoto para que puedas ser resistente, por eso en medio de lo que vives puedes sostenerte y seguir, aun sin tener fuerzas.

Sigue adelante porque Dios tiene propósitos contigo que ni una serpiente podrá detener. Las serpientes quieren engañarte, pero ¡cuidado!, podrías encontrarlas en tu viaje por el desierto.

Las ardillas

Son animales con mucha habilidad que se deslizan rápida y silenciosamente por los árboles. Si las observas, verás que van rápido en busca de sus nueces, suben a los árboles, se quedan allí y no las ves más. Es impresionante ver cómo se enfocan en su objetivo y no se entretienen en otras cosas; solo en buscar su alimento y guardarlo.

Debemos tomar ejemplo de ellas y aprender a estar enfocadas en lo que debemos hacer, sin perder tiempo; a no perder la visión y seguir a la conquista de lo que Dios ha asignado para nosotras. No perdamos tiempo en las distracciones o ajetreos de la vida. Busquemos la presencia de Dios, para que dirija nuestro camino en este viaje por el desierto y podamos llegar a la meta. Enfoquémonos en Él y Él será nuestra mejor guía.

«Me buscarán y me encontrarán cuando me busquen de todo corazón». (Jeremías 29:13, NVI)

Si buscas su presencia, la encontrarás, tu corazón será transformado y pronto podrás florecer en el desierto.

El armadillo

Es conocido por su caparazón duro y resistente. Puede variar en tamaño, es de color gris / marrón y parece como un ratón grande. Su caparazón tiene la función de protegerlo de sus devoradores.

Así nosotras también necesitamos tener una armadura resistente que nos ayude a protegernos de los vientos contrarios, situaciones, personas o peligros que nos puedan tratar de derribar. Lo bueno es que, aunque físicamente no la vemos, el Señor nos ha provisto de la armadura de Dios, para cuidarnos de todo lo que se pueda presentar en nuestro camino y de los ataques de nuestro adversario, el enemigo.

«Vestíos de toda la armadura de Dios, para que podáis estar firmes contra las asechanzas del diablo. Porque no tenemos lucha contra sangre y carne, sino contra principados, contra potestades, contra los gobernantes de las tinieblas de este siglo, contra huestes espirituales de maldad en las regiones celestes. Por tanto, tomad toda la armadura de Dios, para que podáis resistir en el día malo, y habiendo acabado todo, estar firmes». (Efesios 6:11-13)

Vestidas con la armadura, podremos resistir y estar firmes en esos días difíciles, con vientos de angustia, soledad, tristeza y oscuridad; sin ella, podríamos tener más pérdidas.

Como cuando llega el invierno y la temperatura baja, si no tienes la vestimenta apropiada, podrías congelarte. Lo que vistes no evita que puedas sentir frío, pero sí te protege para que no sufras daños mayores. Del mismo modo, la armadura de Cristo protege del ataque del enemigo a tu vida, que inevitablemente va a llegar, pero te cubre en medio de esos días malos.

El Señor nos invita a estar vestidas con la vestimenta correcta para cuidar de nosotras en todo tiempo. Te animo a permitir que Dios te cubra, que sea tu armadura para resistir los tiempos oscuros en los que nada se ve, para que cuando todo pase puedas decir: ¡Lo logré! ¡Florecí en mi desierto!

El buitre

Es un ave que se alimenta de animales muertos que suelen devorar entre varios. En el desierto de la vida, que quizás estás pasando, podrás encontrar personas que quieren ver tu caída para acabar contigo; pero Dios, en su misericordia, te protege de las dificultades, aunque no las puedas eludir. Dios te cuidará para que no se alimenten de ti.

«Cuando se juntaron contra mí los malignos, mis angustiadores y mis enemigos para comer mis carnes, ellos tropezaron y cayeron». (Salmo 27:2)

No importa cuántos enemigos y angustiadores se unan para devorarte, ellos caerán porque contigo está el gran Yo Soy. Nada te podrá arrasar porque Dios estará junto a ti todo momento. No estás sola, Dios va al frente como poderoso gigante.

El ciervo

Los ciervos, también conocidos como venados (o «*Bambis*» como les llaman mis hijas, por la famosa película de Disney), son tímidos, rápidos y difíciles de seguir. Huyen cuando ven algo que representa peligro o les produce temor, y por lo general, se les ve acompañados por sus crías, guiándolas y cuidándolas

Así debemos ser nosotras. Si somos madres tenemos que guiar a nuestros hijos, hablarles de las situaciones que se les pueden presentar y darles nuestro ejemplo que tiene mucho más peso que nuestras palabras. Enseñarles a ser capaces de caminar solos cuando sea el momento indicado, a huir de todo lo que pueda ser peligroso o dañino para su vida y su familia; a estar alertas en su caminar de vida, porque siempre habrá un enemigo al acecho buscando devorarlos y eso no lo podemos permitir.

Dios tiene planes para nuestras vidas y nuestras familias. Aprendamos del ciervo a cuidar lo que el Señor nos ha entregado, enseñémosles desde pequeños a amar a Dios, y que nunca se aparten de su Palabra.

Ellos son herencia del Señor y a ellos más que una herencia material, debemos dejarles un legado de fe: amar a Dios sobre todas las cosas, con toda su alma y con todas sus fuerzas.

«He aquí, herencia de Jehová son los hijos; cosa de estima el fruto del vientre. (Salmos 127:3)

«Instruye al niño en su camino, y aun cuando fuere viejo no se apartará de él». (Proverbios:22:6)

Amiga, no esperes el momento de necesidad o desespero para guiar a tus hijos a seguir a Cristo. Comienza con tu ejemplo; sé que no eres perfecta, pero trata de ser mejor madre cada día. Y si aún no lo eres, siembra una semilla de amor a Cristo en todos los que tengas cerca para que pronto puedan florecer.

El águila

Es ave hermosa y majestuosa. Es impresionante ver cuando abre sus alas para comenzar a subir muy alto, aún con el peso de su presa en las garras. Se caracteriza por ser fuerte, segura y enfocada. No hay viento, ni tormenta que la pueda detener. Sin lugar a dudas, es un animal único y esplendoroso.

El águila tiene características únicas de las cuales podemos aprender.

- El águila vuela alto sin importar cómo esté el tiempo ni quién esté cerca. Así debemos aprender a subir al destino que Dios nos ha asignado, sin estar pendiente de quién está abajo, arriba o al lado; solo volar, tomar lo que tiene nuestro nombre y seguir el viaje.

- Tiene procesos de cambios en los que se aparta para ser renovada. Hagamos lo mismo, renovemos fuerzas en el Señor Jesucristo para que cuando termine nuestro desierto podamos estar más fortalecidas.

- La vista del águila es impresionante; puede ver a su presa desde mucha distancia hasta atraparla para luego emprender vuelo. Afinemos nuestra visión en Dios, enfoquémonos en el objetivo y ¡a volar!

Y cuando te sientas agotada, sin fuerzas, y solo dices: ¡Hasta aquí llegué!, recuerda lo que te dice el Señor:

«Pero los que esperan en Jehová tendrán nuevas fuerzas; levantarán alas como las águilas; correrán, y no se cansarán, caminarán y no se fatigarán». (Isaías 40:31)

Espera en el Señor que Él te dará la fuerza, y... ¡sube, mujer! ¡vuela alto! Resiste, que nada te detenga, porque aún en el desierto puedes florecer.

Flores del desierto

En el desierto no puede faltar la belleza de las plantas y sus flores, todas ellas muy distintas: tienen diferentes colores, diferentes tiempos para florecer y diferentes procesos. Observándolas pude aprender que cada una tiene una función y razón.

Hay una especie en particular de la que te quiero hablar. Son las clasificadas como «*Cactaceae*», conocidas en conjunto como cactus. Originaria de América, la clara de la familia de los cactus es la areola, una estructura especializada de donde surgen las espinas, los vástagos nuevos y en muchas ocasiones las flores. (36). Tales especies se caracterizan por acumular agua y nutrientes en sus tejidos. Están preparados para almacenar una cantidad de agua, así pueden adaptarse sin problemas al hábitat en el que se encuentren; por eso pueden sobrevivir en terrenos áridos y secos.

La mayoría de los cactus defienden esas reservas de agua a toda costa y lo hacen desarrollando espinas en el exterior. Además, estas espinas son una herramienta de supervivencia, ya que les asegura su protección frente a los animales. ¡Qué maravillosa la creación de Dios! Estas plantas magníficas tienen unas características tan específicas que les permiten subsistir en el lugar donde están plantadas.

Además, esas espinas no solo las protegen de sus enemigos, sino que también suelen ser hojas muy pequeñas que les permiten recoger agua y pasarla a su tallo. Al verlas podríamos pensar que solamente es una flor que no se puede tocar y que está ahí solo para adornar y nada más; pero no, es mucho más que eso, porque dentro de ella se está preparando para los cambios de temporadas y para enfrentar cualquier dificultad. Debemos aprender de los cactus, ¿por qué? Porque nada les impide florecer en el desierto.

Así sucede con nosotras, podemos vivir situaciones que no parecen ser tan buenas, pero Dios ha depositado en nuestro interior todo lo que necesitamos para ser resistentes e imparables. Es verdad que a veces podemos sentir que no podemos más, porque alguien quiso impedir nuestro viaje; pero somos nosotras mismas quienes debemos levantarnos y seguir adelante, dar el primer paso de cambiar, permitirnos ver cosas grandes e inspirarnos con la belleza única y la resistencia que provee el desierto para poder florecer.

En nuestro camino podemos sentir que nuestros problemas nunca acaban, evadimos todo pensando que lo que nos sucede es para destrucción; pero podemos cambiar de perspectiva y ver lo que cada proceso trae como enseñanzas a nuestras vidas. Esas enseñanzas son muy diferentes para cada una, pues no todas pasamos por el mismo desierto; sin embargo, sea cual sea, ese desierto es un campo para entrenarnos, desarrollarnos en diferentes áreas y acercarnos más a Dios.

En el desierto Dios nos permite aprender y ser más fuertes;
así que, ¡no te rindas!

«Él fortalece al cansado y acrecienta las fuerzas del débil».
(Isaías 40:29, NVI)

Tal vez puedes sentir que solo tienes espinas en tu vida: espinas de tristeza, de ansiedad, de preocupación; pero que eso no te impida lograr lo que el Señor ha dicho de ti. Descansa en la Paz de Dios. Pero así como las hojas del cactus, el agua que da vida, bálsamo en medio del dolor. Convirtamos esas espinas del camino en hojas, no veamos todo lo que nos sucede como si fuera algo para destruirnos, sino para transformarnos. Dios nos ofrece vida y vida eterna, para bendecirnos y darnos paz. Entra a sus aguas y no tendrás sed jamás.

«Más el que bebiere del agua que yo le daré, no tendrá sed jamás; sino que el agua que yo le daré será en él una fuente de agua que salte para vida eterna». (Juan 4:14)

Te invito a que puedas aprender de estas flores del desierto, que florecen en lugares áridos. Algunas podrían tardar mucho tiempo, pero con un poco de lluvia que las acaricia y transforma, ya es suficiente para comenzar a germinar esa semilla hermosa. Amiga, esa lluvia es Cristo, que en medio de tu desierto permitirá que tu vida vuelva a florecer, para que pases de tener un corazón árido a uno reverdecido; de ser una flor simple y llena de espinas, a mostrar toda tu belleza. Comienza a disfrutar del aroma inigualable de las flores y no permitas que las espinas te impidan florecer.

～～～～

El terreno y el clima

Arena y piedras

Cuando caminamos por el desierto, frente a nosotros solo hay arena. Aunque avancemos, parece que todo fuera lo mismo, como si estuviéramos siempre en el mismo camino. La arena, movida por el viento de un lado a otro, nos rodea durante largas horas de caminata, en las que sentimos cansancio, hambre y sed. Si el recorrido dura demasiado tiempo, nos sentimos agotados.

Así nos pasa en el desierto de nuestra vida. Al ver el mismo panorama, pensamos que no hemos avanzado, que estamos estancadas y que no hemos logrado nada. Vemos solo arena y no hay un camino exacto por donde seguir. Pero Dios, en un momento, nos puede cambiar todo el panorama, podemos empezar un camino y de repente Él nos dirige a otro, ¿sabes por qué? Porque ya lo conoce y sabe por dónde es más seguro para ti. En esa travesía, habrá rutas difíciles y otras más fáciles. En algunas encontrarás piedras, esas personas o circunstancias que obstruyen el camino con la intención de apagar tu luz. Mantente alerta en todo momento, para que estas piedras no te hagan tropezar y caer; y si caes, no te quedes allí, levántate y continúa tu camino. Lo importante es que quien dirija sea Dios, entonces llegarás segura.

Te recuerdo que el Señor está contigo, aunque pienses que estás dando vueltas por el mismo camino. Si tienes sed, Él es fuente de vida; si estás cansada, Él te dará fuerzas. Pídele que haga brotar agua en el desierto y ríos en la sequedad y Él lo hará. Él es Todopoderoso.

«Él da fuerza al cansado, y multiplica las fuerzas al que no tiene ninguna». (Isaías 40:29)

«En las alturas abriré ríos, y fuentes en medio de los valles; abriré en el desierto estanques de aguas, y manantiales de agua en la tierra seca». (Isaías 41:18)

Haz que tu desierto sea un lugar para encontrar a Cristo y poder caminar sin temor. Que desde allí puedas mirar los diferentes paisajes, tener aventuras y ser agradecida, y si llega la noche fría, que Dios sea tu luz. Así como las estrellas alumbran la noche y la luna no apaga su esplendor, así el Señor quiere guiarte a ser luz en tu oscuridad

«Lámpara a mis pies tu palabra, Y lumbrera a mi camino». (Salmos 119:105)

Permite que Él te guíe aunque la arena se mueva con el viento y se lleve muchas cosas. Deja ir todo lo que te impide florecer y que Dios sea la luz de tu camino.

Temperaturas extremas

En el desierto también es posible apreciar las diferentes estaciones durante el año. En la temporada de verano hay mucho calor, vientos secos y salen aquellos animales peligrosos que te mencioné antes. El invierno es todo lo contrario y el frío es intenso. Podemos tener ambas temperaturas, en diferentes momentos.

Así como surgen esos cambios allí, también los hay en nuestras vidas. Para algunos de ellos estamos preparadas, pero hay otros que llegan de repente y salen de nuestro control. Lo importante es estar firmes, ser resistentes y cuidar nuestras semillas porque llegará el tiempo de florecer. El invierno pasará, y el verano y su sequedad también, pero las flores del desierto solo florecen.

Debemos aprender a ver que nada más es una temporada y que pronto pasará; pero que cada una es diferente y hay que prepararse para enfrentar todo lo que traen las estaciones. Si vienen los vientos de la vida, armarnos con la estructura del cactus y resistir. Los procesos no son fáciles y hay lugares que producen temor, pero puedes sentirte segura si estás bajo las alas de Cristo.

Los desiertos en nuestras vidas son procesos que nos transforman para recibir lo mejor.

«Entonces Jesús fue llevado por el Espíritu al desierto, para ser tentado por el diablo». (Mateo 4:1)

¡Imagínate! Si el hijo de Dios fue llevado al desierto y fue procesado, ¿cuánto más nosotras? En ese desierto estuvo durante una temporada, cuarenta días en los que tuvo hambre y quizás se sintió cansado, pero ni aun así se dejó engañar por las trampas del enemigo; al contrario, lo venció, lo mandó a obedecer y adorar a Dios (37). Jesús también pasó por sus desiertos, pero su Padre no lo abandonó; si siempre estuvo a su lado, también estará contigo.

«Bien saben que el Señor su Dios los ha bendecido en todo lo que han emprendido y los ha cuidado por todo este inmenso desierto. Durante estos cuarenta años, el Señor tu Dios ha estado con ustedes y no les ha faltado nada».
(Deuteronomio 2:7, NVI)

El Señor cuidó de su pueblo, Israel, y nada les faltó, ni su ropa ni calzado se desgastó (38). Así que, no importa la temporada, Dios te bendecirá y proveerá en todo tiempo, te tomará de tu mano para darte esa fuerza que viene Él. Solo resistiremos si Dios nos acompaña.

Tormentas de arena

El desierto es muy variado y ocurren fenómenos diversos. Uno de ellos son las tormentas que se generan cuando, debido al aumento de la velocidad e intensidad del viento, partículas de arena procedentes de zonas áridas que se quedan en la superficie, son impulsadas hacia arriba logrando recorrer largas distancias. Estas tormentas de arena y polvo pueden durar desde unas horas hasta varios días y cuando llegan, reducen la visibilidad de tal forma, que no se puede viajar a ninguna parte y si ocurren de imprevisto, se debe buscar un lugar seguro para esperar que pase.

¡Qué gran parecido con nuestros desiertos! A veces sentimos que estamos en medio de una tormenta así, que no nos permite ver el camino para poder continuar hacia nuestro destino. Y es que en nuestro caminar, hay procesos que son como las tormentas de arena: nos molestan, no nos dejan ver qué hacer ni cómo, y es un momento en el que solo nos resta esperar quietas a que termine. Dios permite que pasemos circunstancias así para que aprendamos a soltar el control y dejarlo a Él trabajar, permitirle que nos cuide y dirija en este viaje que a veces es tan difícil recorrer solas.

Queremos que todo pase rápido, pero las tormentas siguen ahí. Lo peor es cuando llegan de repente, en un lugar en donde estamos por primera vez y no estamos preparados para enfrentarlas. No sabemos identificar los cambios climatológicos, ni cuál es la vestimenta adecuada. ¿Qué hacer cuando lo inesperado llega, cuando nadie nos avisa y únicamente el problema está presente? La respuesta es: Seguir la huella que Dios ha dejado en el camino.

Mujer, así son los procesos en nuestra vida; aunque la primera vez no nos sintamos preparadas, si Dios está con nosotras, ¿quién contra nosotras? Él nos guiará por el camino más seguro, en el tiempo oportuno para salir de la tormenta y continuar la travesía. De esa forma, estaremos listas para soportar nuevas tormentas de arena que lleguen a nosotras. ¡Preparémonos para la próxima temporada! Así como nos alistamos cuando va a llover, con una sombrilla y vestimenta apropiada para no mojarnos, ahora podremos prever las situaciones que ya identificamos porque las hemos vivido y no nos sorprenderán tanto como la primera vez. Porque sí, hay situaciones que no podremos eludir, las tormentas del desierto siempre han de llegar; pero recordemos que es solo una temporada, que con la ayuda de Dios podremos seguir hasta llegar a la meta.

Dios es fiel y verdadero; solo cree en Él, pues únicamente el Señor podrá cuidarte, guiarte y darte ímpetu para continuar en tu desierto. Todo lo difícil pronto pasará, la tormenta acabará. Aunque ahora veas todo oscuro y no tengas deseos de seguir, todo obrará para bien. Donde únicamente ves oscuridad, pronto saldrá el sol.

Que la experiencia vivida te permita aprender a hacer lo correcto, para que en cada proceso encuentres lo que el Señor quiere enseñarte y puedas resistir y seguir adelante. La manera de soportar y sobrellevar el dolor en medio de cada circunstancia, es tener el enfoque exclusivamente en Dios. Muchas veces pasarás las tormentas sola, pero el Señor estará contigo y nunca te dejará. No esperes de otros lo que únicamente el Señor, con su amor y misericordia, hará por ti. Él tiene cosas grandes para tu vida y solo de Su mano podrás soportar las tormentas de arena. No temas, Él está en control.

«Ya te lo he ordenado: ¡Sé fuerte y valiente! ¡No tengas miedo ni te desanimes! Porque el Señor tu Dios te acompañará dondequiera que vayas». (Josué 1:9, NVINVI)

Lecciones en el desierto

«Más si desde allí buscares a Jehová tu Dios, lo hallarás, si lo buscares de todo corazón y de toda tu alma».
(Deuteronomio 4:29)

Después de haber nacido en una isla en el Caribe, y estar frente al mar escuchando cómo las olas invitan a ser parte de ellas, para después trasladarme a una zona desértica, puedo entender cuando dicen: «Estás pasando por un desierto», al referirse a dificultades.

Cuando el Señor nos llevó al estado de Texas, el cambio me causaba un poco de temor. Él decidió alterar nuestro camino y orientarnos a sus propósitos, pero en el primer instante todo se veía nublado. Sin embargo, en aquel momento entendí que Él estaba dirigiendo y solté el control para dárselo a Él. Me sentí como cuando mis niñas eran pequeñas y jugaban en lugares altos, y su papá o yo desde abajo les animábamos a lanzarse. Ellas lo hacían porque confiaban en nosotros y de la misma forma decidimos hacerlo, confiando en Él.

Llegó un nuevo comienzo en mi vida en el que pude conocer nuevos amigos, culturas y diferentes maneras de ver las cosas. Y aunque a veces quería llegar el desánimo, porque las cosas no eran a mi manera, Dios siempre estuvo conmigo y lo sigue estando. Está conmigo y también contigo. ¡Cuántas aventuras, oportunidades y bendiciones me hubiese perdido, si no hubiese valorado el desierto! Porque sí, he tenido momentos de desierto, pero su cuidado nunca me ha dejado. Su promesa de estar conmigo donde quiera que vaya ha estado presente en cada proceso, prueba o soledad.

Recuerdo que cuando viajábamos para pasar vacaciones en otros pueblos y había varias horas de camino hasta llegar al lugar deseado, mis hijas se pasaban preguntando: «Llegamos, mami?» «¿Falta mucho, papá?». Recuerdo lugares hermosos, vistas únicas y otros que me daban algo de miedo, pero como sabíamos que teníamos un destino, estábamos conscientes de que eso pasaría y llegaríamos a ese lugar tan apreciado para nosotros.

Entonces pensaba que muchas veces somos así cuando pasamos por nuestros desiertos. Decimos: «Señor, ¿cuándo llegaremos?, ¿cuándo me sacarás de esto?». Queremos llegar y tener todo rápido, pero los procesos toman tiempo, porque en los planes de Dios todavía falta camino por recorrer. Así el Señor quiere enseñarnos que todo tiene su tiempo perfecto aunque creamos que tarda en llegar lo que esperamos. Ahí es cuando Dios nos va enseñando la semilla de la paciencia y la alegría en medio de la espera. Pero, ¿sabes? El camino no es eterno.

Cuando llegamos al destino, la alegría es inmensa.

En ese momento ya no recordamos ni las horas de camino, ni la insistencia de tu hija preguntando cuánto falta para llegar. Al pasar por todas las cosas, podrás decir con mucha alegría: ¡Al fin llegué! Así es nuestra vida diaria. Hay situaciones en las que puedes sentir temor y pensar que nunca llegarás a tu destino; en el camino puedes tener experiencias hermosas y otras no tanto, pero al final va a llegar.

No pierdas la esperanza de que pronto llegarás a ese hermoso lugar que tanto deseas. Te invito a que continúes caminando en tu desierto porque solo será por un tiempo. Pronto pasará y verás que podrás alcanzar tu destino con la ayuda del gran Maestro, Jesús. Dios tiene algo hermoso para ti, pero nadie dijo que iba a ser fácil. Alcanzar su propósito siempre cuesta procesos y momentos complicados; pero si anhelas lograrlo con pasión y amor, y Él es tu centro, lo podrás alcanzar. Los cambios llegarán a tu vida, pero Dios tiene un plan en todo para bendecirte.

No permitas que por tener obstáculos en tu desierto, ya no desees continuar a donde Dios quiere llevarte. Sé una mujer plena en el Señor y en tu vida. Deja que Él sea el capitán y lánzate en sus brazos. Que lo que te pueda detener o hacer pensar que no puedes, inmediatamente salga de tu mente porque para Dios no hay nada imposible. ¡Llegarás para florecer! No olvides: El Señor, tu Creador, estará contigo a donde quiera que vayas.

Él promete no dejarte sola en tus procesos, prueba

o soledad; Dios estará de tu mano, Él guiará tus pasos. Así como ha estado conmigo en mi desierto, estará contigo siempre.

«Ya te lo he ordenado: ¡Sé fuerte y valiente! ¡No tengas miedo ni te desanimes! Porque el Señor tu Dios te acompañará dondequiera que vayas». (Josué 1:9, NVI)

Mujer, levántate con denuedo a conquistar el propósito de Dios en tu vida. Que la tormenta no te detenga; recuerda que solo es una parada y que luego de esa tormenta, llegará la calma. Decide seguir a Cristo, Él te acompaña, te dirige y con su amor eterno te sostendrá y te enseñará cosas grandes y hermosas para ti.

～～～

El carácter en el desierto

El desierto también nos enseña a crecer, a desarrollar nuestro carácter y nuestro espíritu en Jesús, y a escuchar a nuestro Padre en momentos de soledad. Aprendemos a depender más de Él, a reconocer que Él tiene el control de nuestras vidas y que cuida de nosotros. Nos enseña que no todo está perdido y que en el desierto se puede florecer. ¿Crees que puedes levantarte para lograr tus sueños? ¿Qué podrías florecer?

¡Claro que sí! Hoy te recuerdo que no importa lo que

hayas pasado, hay un Dios que recibe todos esos pedazos y forma una figura nueva, una hermosa y única obra de arte. Ponte en las manos del gran Maestro y verás que cada dificultad que puedas enfrentar en medio de tu proceso, es la oportunidad para tomar la decisión de caminar y seguir adelante, porque nadie más lo hará por ti.

Utiliza todas las piedras que te lanzan para empezar a crear un camino nuevo. Jesús, en medio de la dificultad, de tus defectos y caídas, sigue creyendo en ti y te dará otra oportunidad para comenzar un nuevo capítulo en tu vida. Él, con sus cuidados, transforma las espinas que te pueda dejar la vida para tu bien.

El desierto enseña que las situaciones que atravesamos nos equipan y transforman en quienes somos hoy y en quienes podemos llegar a ser.

En el desierto podemos conocer más a Dios y de Dios. En otras palabras, tener una relación más íntima que nos revele quién es Él. Cuando pensamos que nunca saldremos y que todo ha terminado, Él abre caminos en medio de la nada, nos da vida y fuerzas...impulso suficiente para creer que se puede y seguir adelante. Podemos encontrar puertas cerradas, pero el Señor se encargará de abrir otras para que podamos entrar. Recuerda, que Dios no tiene ni principio ni fin. Por eso se llama el Alfa y el Omega, el Fiel y Verdadero; para Él nada es imposible.

Las semillas y sus cuidados

Las semillas deben ser cuidadas para lograr crecer y florecer. En donde están plantadas necesitan agua, sol y tierra fértil; según sus características y lo resistentes que puedan llegar a ser. Así debes cuidar las semillas que Dios ha depositado en tu corazón, para que puedas florecer en tu desierto. ¿Te has preguntado por qué aún no floreces? Me gustaría compartir contigo algunos factores que podrían estar impidiendo que puedas florecer:

Falta de perdón

Puede ser que te hayan causado mucho dolor y que creas que esa persona no merece ser perdonada, porque el daño causado es irreparable. Pero, ¿sabes? La falta de perdón puede hacerte mucho daño; mientras que perdonar sana y libera. Tomar la decisión de perdonar te hará sentir libre y te permitirá dejar atrás el pasado para ahora ser restaurada y transformada.

Dios te perdonó y te dio una nueva oportunidad. Sigue su ejemplo y comienza a sanar y cicatrizar esas heridas.

Es tiempo de perdonar y comenzar a florecer

«Soportaos unos a otros, y perdonándoos unos a otros si alguno tuviere queja contra otro, de la manera que Cristo os perdonó, así también hacedlo vosotros».
(Colosenses 3:13)

Falta de fe

Muchas semillas se han secado por no tener fe. Pensar que no hay esperanza y que tu desierto nunca terminará, retrasa tu proceso. Tener fe es creer que, aunque no lo veas, puede suceder. Dios te regala cosas hermosas que llegarán a tu vida. Algunas llegarán pronto; pero otras hay que esperarlas. Y si caes en el camino, debes levantarte con la esperanza de que algo mejor llegará. ¡No pierdas la fe! Permite que el Señor te haga florecer. Él sabe cuánto puedes resistir y te está equipando para que puedas salir en victoria. ¡Cuida tu semilla de fe!

«Es pues la fe la certeza de lo que se espera, la convicción de lo que no se ve». (Hebreos 11:1)

Falta de gratitud

No permitas que la gratitud se vaya en tu desierto de tu vida. Aunque en algún momento no tengas todo lo que esperas y pienses que lo que tienes es poco; aunque desees lograr más y creas que todo está al revés; aunque no entiendas nada, sé agradecida. Dios suple lo que necesitas y no está mal querer lograr más. Solo da gracias por lo que tienes hoy y así podrás recibir lo nuevo. Es tanto lo que Dios quiere darte, que necesita asegurarse de que estás lista para recibirlo. Por eso, valorando lo poco, el Señor se encargará de bendecirte más.

Es tiempo de dar gracias porque Dios no te desamparará jamás. Podrán llegar momentos difíciles en el desierto, pero Él está contigo. Enfócate en Cristo, agradece en todo tiempo por todo, y comienza a ver que otras personas a tu alrededor quizás quisieran lo que ya el Señor te ha permitido tener.

«Dando siempre gracias por todo a Dios y Padre, en el nombre de nuestro Señor Jesucristo». (Efesios 5:20)

¡Agradece! Agradece al Padre por todo y que no cese tu oración a Él. Deja todo en Sus manos y Él se encargará de guiarte en tu desierto. Da gracias a Dios y confía en que muy pronto tus semillas del corazón llegarán a florecer.

Epílogo

¡Es tiempo de florecer!

«Has cambiado mi lamento en baile; desataste mi cilicio, y me ceñiste de alegría». (Salmos 30:11)

«Así ha dicho Jehová, Redentor tuyo, el Santo de Israel: "Yo soy Jehová, Dios tuyo, que te enseña provechosamente, que te encamina por el camino que debes seguir"».
(Isaías 48:17)

En los momentos de desierto en nuestras vidas podemos sentir sequedad, soledad, y desorientación en un camino que siempre se ve igual. En una ruta que parece confusa y lejana sentimos que no podemos más. Es ahí cuando necesitamos la dirección de nuestro Dios; que Él sea nuestra luz y nuestra guía. Necesitamos hacer lo posible, para que Él se encargue de lo imposible.

Necesitamos herramientas para equiparnos y poder resistir lo que se presente en la travesía. Por eso, no quiero finalizar este libro sin darte algunas herramientas adicionales.

Doce recomendaciones para florecer en el desierto

«Porque yo sé los planes que tengo con ustedes -afirma el Señor-, planes de bienestar y no de calamidad, a fin de darles un futuro y una esperanza». (Jeremías 29:11, NVI)

1. No te apartes de la fuente de vida que es Jesús. Sin Él será muy difícil florecer en el desierto.

2. Deja de procrastinar. Decide dar pequeños pasos en fe y comienza hoy.

3. Despierta tus sueños dormidos. No pierdas la pasión ni la visión que Dios ha depositado en ti.

4. Cambia tus palabras negativas por palabras positivas. Reemplaza el «No puedo» por «¡Yo puedo!»

5. Cuida la familia que Dios te ha permitido tener. Protege a tus hijos, muéstrales el amor a Dios, que busquen su Reino primero, y lo demás llegará en su tiempo.

6. No dejes que la amargura te detenga ni te apague. Permanecer en ella, solo te secará y no te permitirá florecer.

7. No pierdas la fe y cúbrete con su armadura para fortalecerte y prepararte para lo que vendrá.

8. Recuerda siempre que las temporadas que no te permiten florecer, son solo eso: temporadas. Pronto pasarán y llegará la temporada perfecta para ti.

9. Ten presente que la oscuridad de la tormenta de arena no determina tu presente. Quédate en calma porque, en cuanto termine, verás claridad en el camino.

10. Las semillas están ocultas antes de florecer. Aunque ahora nadie lo note, espera el momento determinado por Dios para ti.

11. Nadie detiene a Dios cuando decide que tu desierto ha terminado. Permanece junto al que te da la vida y fuerza, y está preparada, porque en cualquier momento vas a florecer.

12. Así como cada flor en el desierto es única, tiene su propio color y tamaño y florece en su propia temporada; así también eres tú. Nunca quieras ser quien no eres, porque tu propósito en Dios es único e inigualable. Sé tú misma, porque Dios te hizo con características que solo tú puedes mostrar.

¡Baila en tu desierto!

Este es mi segundo consejero. Y dirás: «¿Bailar en mi desierto? ¿Cómo hago eso? ¿Cómo puedo continuar si estoy hecha pedazos? ¿Qué hago con todo lo que me pasa? Bailar en mi desierto...¡Imposible!» Pero yo te pregunto: ¿En quién confías en momentos de crisis, soledad y angustia?

¿Sabes? Dios quiere bendecirte, que le permitas tener una relación contigo, porque a Él le importas, en tus días buenos y en los no tan buenos. Él quiere ser tu oasis en medio del desierto, para que descanses en Él, para que encuentres consuelo en tu soledad y tu desierto sea cambiado en un paraíso.

«Ciertamente, consolará Jehová a Sión; consolará todas sus soledades, y cambiará su desierto en paraíso, y su soledad en huerto de Jehová; se hallará en ella alegría y gozo, alabanza y voces de canto». (Isaías 51:3)

Dios te ama incondicionalmente y quiere hacerte florecer en tu desierto. Permítele, querida amiga, cambiar tu tristeza en baile. El Señor me cuidó y enseñó en el desierto. Yo no permití que el enemigo despiadado quitara mi esencia ni robara las semillas que mi Padre había depositado en mí; al contrario, en medio de esa situación nació «Empoderadas en Cristo · Oficial», un ministerio que equipa a la mujer para conquistar lo que tiene su nombre, lo que Dios soñó para ellas. Comencé a construir un camino en medio de mi desierto, guiada por Dios, que es mi todo. Él secó mis lágrimas, me transformó en una nueva mujer bendecida y plena en Él. En mi desierto me sustentó y pude florecer. Aprendí que si lo tengo a Él, lo tengo todo. Hay esperanza en Cristo.

«Enjugará Dios toda lágrima de los ojos de ellos; y ya no habrá muerte, ni habrá más llanto ni clamor, ni dolor; porque las primeras cosas pasaron». (Apocalipsis 21:4)

Continúo en proceso, cada día Él me enseña más y más con su Palabra. Sé que no soy perfecta, sé que estoy en proceso de construcción, pero estoy en las manos del gran Alfarero, que me da forma, y aun con mis grietas me sigue amando. Él me da la fortaleza para poder florecer en medio del desierto. Yo amo al Señor con toda mi alma, porque ¡Él transformó mi vida!

Me levanté del piso, me limpié las rodillas y seguí hacia adelante, agradecida con mi Dios, mi Padre, mi Amado, mi TODO. ¡Qué lindo recordar que Dios me ha permitido llevar Su Palabra! He podido hablarle a otros del Señor y he visto que a través de esas enseñanzas, personas han llegado a los pies del Maestro, han conocido a Cristo y sus vidas han sido transformadas. ¡Qué hermoso es el Señor! Conocerle nos hace florecer y ayudar a otros a florecer también.

Amiga, Dios cambiará tu tristeza por baile, te llenará de alegría y esos momentos oscuros pasarán para dar paso a la luz que llegará a tu vida. Es tiempo de florecer, de ser bendecida, de reír, de bailar en el desierto.

«Que si confesares con tu boca que Jesús es el Señor y creyeres en tu corazón que Dios le levantó de los muertos, serás salvo. Porque con el corazón se cree para justicia, pero con la boca se confiesa para salvación».
(Romanos 10:9-10)

Acepta a Jesús en tu vida, obedécele, rinde tu voluntad a Él y podrás resistir todo viento contrario que llegue a tu vida. Así como las espinas ayudan a los cactus del desierto, y no les impiden florecer; de la misma manera, aun con espinas, puedes florecer en tu desierto.

«Se alegrarán el desierto y la soledad; y el yermo se gozará, y florecerá como la rosa». (Isaías: 35:1)

El desierto pasará, llegará la alegría y florecerás como la rosa. Dios no se equivoca, te creó para dar frutos para bendecir a otros. De esa forma, se cumple su sueño a través de ti. No permitas que los vientos contrarios y golpes de la vida opaquen la belleza de tu interior, toma la determinación de que nada ni nadie destruya lo que Él ha determinado para ti.

Dios no entrará en tu corazón árido sin tu permiso, necesitas permitirle entrar para ser transformada. Tu corazón solo podrá tener agua de vida espiritual y reverdecerá cuando tu Creador sea el que tome el control. Con tus fuerzas no podrás, pero con su infinito amor y cuidado, resistirás y reverdecerás. Aunque sientas en tu vida la oscuridad de esa semilla que está bajo tierra, recuerda que son procesos que te permiten tener raíces de conocimiento, te enseñan a ver con más claridad todo lo que te rodea y a entender que eres más fuerte de lo que pensabas. Luego comenzarás a ver luz, al salir de tu zona cómoda y empezar a vencer todo lo que se presente: las adversidades, las temporadas, los cambios.

¡Resiste! ¡Persiste! ¡Vence! Conoce que Dios es todo lo que necesitas para poder seguir, que en medio de todo, Él es tu oasis de vida, que refresca y calma el dolor. ¡Mira! ¡Está creciendo! Va saliendo la flor escondida que muchos no ven, pero que Dios conoció mucho antes de nacer. Una flor única, hermosa, llena de dones y talentos únicos… ¡Esa eres tú! Tu pequeña semilla comienza a florecer.

Mujer, ¡baila!, ¡deja tu aroma en todo lugar!, que tu desierto pasará y vendrá la temporada hermosa de florecer. Dios depositó en ti belleza y te preparó para que dejes ver la mejor versión de ti, única y original. Si decides hoy florecer y bailar en tu desierto, serás una mujer imparable y empoderada con lo que Dios ha depositado en ti para el mundo. Ahora, ¡comienza a florecer en tu desierto!

Deborah Lajara

Acerca de la Autora

Autora, conferencista, predicadora y educadora puertorriqueña. Es una apasionada por el empoderamiento de la mujer y la juventud. Es también la fundadora de «Empoderadas en Cristo», un ministerio digital que utiliza las redes sociales con el propósito de impulsar a las mujeres a lograr su máximo potencial en Cristo y florecer espiritualmente.

Nacida en el pueblo de Arecibo, Puerto Rico. Vivió gran parte de su infancia en el pueblo de Hatillo. Cursó estudios en la Universidad de Puerto Rico, recinto de Arecibo obteniendo un Bachillerato en Pedagogía, con concentración en Educación Elemental, grados Kinder, 3º, y 4 a 6º.

También, posee un postgrado en Educación Superior en Historia, culminado en la Universidad de Puerto Rico, Recinto de Utuado.

Como maestra de profesión ha trabajado activamente en la tarea de ayudar a sus estudiantes a lograr sus metas. Su esperanza en las nuevas generaciones ha servido de motivación para trabajar con jóvenes desertores escolares, motivándolos a retomar sus estudios, cumplir sus objetivos y convertirlos en líderes en su sociedad.

Con el libro «Florece en tu Desierto», Deborah Lajara inicia su trayectoria como autora, desarrollando el tema de la resiliencia cristiana, necesario en la mujer de hoy y su actualidad, promoviendo modelos bíblicos aplicables a la vida diaria para fortalecer su carácter y espíritu. Todo esto lo logró gracias a la experiencia adquirida en el desarrollo de su ministerio y en las vivencias personales que atravesó cuando residía, junto con su familia, en San Angelo, Texas.

En la actualidad, Deborah Lajara vive en Camuy, Puerto Rico, con su esposo Juan Maldonado y sus tres hijas Alanis Paola, Fabiola Sofía y Alondra Zoe, desde donde continúa desarrollando su labor ministerial, dispuesta siempre a proporcionar palabras de fe a todo aquel que lo necesite.

Empoderadas en Cristo_oficial

Empoderadas en Cristo oficial

deborahlajaraoficial@gmail.com

Notas

Introducción:

1. Génesis 37:31
2. Génesis 41:41-43

Eva:

3. Génesis 3:5-7
4. Jeremías: 29:11
5. Génesis 4
6. Génesis 4:25

Marta y María:

7. Juan 11:3, NVI
8. Lucas 10:38 - 42

Abigail:

9. 1 Samuel 25:10
10. La historia de Abigail está en 1 Samuel 25
11. Sabiduría. Wikipedia.
    https://es.wikipedia.org/wiki/Sabiduria

Ana:

12. 1 Samuel 3:19 - 21

La sunamita:

13. Sunem. Biblia todo Diccionario.
    https://www.bibliatodo.com/Diccionario-biblico/sunem
14. 2 Reyes 4:8-11
15. 2 Reyes 4:12-14
16. 2 Reyes 4:18-27
17. 2 Reyes 4:33-35

Rahab:

18. Josué 1:1-5
19. Jericó. Wikipedia. https://es.wikipedia.org/wiki/Jerico
20. Jericó. 2020. Historia Universal. https://mihistoriauniversal.com/prehistoria/jerico
21. Vea Josué 2:10 al 14 RVR1960
22. Josué 2:7 RVR
23. Mejía Arturo. 2008. Cuatro mujeres en la genealogía de Jesús. Faithlive Sermons. https://sermons.faithlife.com/sermons/105448-cuatro-mujeres-en-la-genealogia-de-jesus

Lea:

24. Génesis 29:17
25. Génesis 29:31-35
26. Lucas 22:14-47

Rut:

27. Etimología de Belén. 2021. Etimologías.de.chile.net http:// etimologias.dechile.net/?Belen
28. Rut 1:7
29. Rut 1:4
30. Rut 2:3-7

Sara:

31. Génesis 16
32. Génesis 16:5
33. Génesis 16:4-6
34. Génesis 21:9- 18, NVI
35. Génesis 21:19 - 20

Lo que encontré en mi viaje:

36. Flores en el desierto (wikipedia, enciclopedia libre, cactaceae, areola) es donde surgen los grupos de espinas. (wiki.(botánica)
37. Mateo 4:1-11
38. Deuteronomio 29:5

Made in the USA
Columbia, SC
29 April 2024

34755133R00104